# すぐわかる プロジェクトマネジメント

ISO/PC 236 国内対応委員会委員長
関　哲朗　編



日本規格協会

# 編集・執筆者名簿

(敬称略、50 音順、所属は発刊時点)


| | | | |
|---|---|---|---|
| 編集 | 関　　哲朗 | 文教大学 | |
| 執筆 | 加藤　和彦 | 千葉工業大学 | (第 5 章) |
| | 加藤　　亨 | IT エンジニアリング株式会社 | (第 3 章) |
| | 木原　史朗 | 株式会社日立製作所 | (第 4 章) |
| | 小林　正男 | 株式会社富士通アドバンストクオリティ | (第 6 章) |
| | 佐枝　三郎 | 三井情報株式会社 | (第 3 章) |
| | 坂本　圭司 | 株式会社竹中工務店 | (第 4 章) |
| | 関口　明彦 | 富士通株式会社 | (第 2 章) |
| | 田島　彰二 | 日本電気株式会社 | (第 2 章) |
| | 冨永　　章 | PM ラボラトリー | (第 1 章) |
| | 中山　　等 | 鹿島建設株式会社 | (コラム) |
| | 松本　照吾 | 株式会社インフォセック | (第 5 章) |


なお、編集・執筆者は、ISO/PC 236 国内対応委員会主要メンバーで構成された(旧メンバーを含む。)。

# 発刊によせて

近年、世界全体を巻き込んだ情報技術の革新によって、複雑な技術の相互管理が可能となり、明確な設計思想、インタフェースと、標準化によるモノづくりの新しいシステムが現れました。すなわち、現代のグローバリゼーションとは、先進国、発展途上国の区別なく事業の各部分を分担して、背景の異なる文化や考え方をもった人々が集まり、その業務を遂行することが可能となる、フリードマン（T.L. Friedman）がいう「フラット化する世界」を特徴とします。

本来、複雑な建造物や巨大なソフトウェアの開発等のプロジェクトマネジメント（ＰＭ）では、それぞれの企業や地域の風土、文化を反映して手法・概念が出来上がり、それらを各地域での標準へと発展してきました。しかし現代のグローバリゼーションは、これらの地域性を更に進め、国際的により汎用性のある標準をＰＭの分野でも要求するようになりました。現在、ＩＳＯ（国際標準化機構）でＰＭの標準開発が進められているのはまさに以上のような変化する世界のニーズを反映してのことだと思います。

従来、国際標準づくりはエンジニアリングにかかわる互換性を中心とする「ハード」の標準であったものが、グローバルな課題に応えるための地球環境問題、セキュリティ、あるいは組織の社会的責任、サービスなどといった「ソフト」の標準づくりが重要になり、ＰＭの標準づくりもまさにこのような流れの一環としてとらえることができます。このような標準は、組織の管理の信頼性をより高めるための情報の提供や価値観の異なった人々の間での相互作用をより容易にするための行動基準を与える、より広い標準の範疇です。ＰＭの国際標準は、ＩＳＯ９０００シリーズのような品質マネジメントシステム規格と並んで、今後の国際的な普及が期待されるところです。

関哲朗先生を委員長とするＩＳＯ／ＰＣ２３６の国内対応委員会の方々が執筆された、ＰＭの初歩的な考え方や知識、地域的な標準と国際標準の意義などを織り込んだ、ＰＭに関するわかりやすい解説書であります本書の出版は、今後、国際的な展開がますます期待される我が国にとって意義深いことと考えます。

二〇一〇年八月二十五日

日本規格協会理事長（元ＩＳＯ会長）

田中　正躬

# まえがき

プロジェクトマネジメント（ＰＭ）は、広範な領域における目標達成に有用な手法です。このことが我が国で強く認識され始めたのは十年ほど前のことで、諸外国と比べて大きな遅れをとっていました。特に本書で扱っている「モダンＰＭ」という言葉の意味や、この発想に基づく課題の整理については、エンジニアリング系企業とごく一部の他分野企業を除けば、基礎的な理解にも乏しいというのが我が国の状況でした。

一九九六年に米国ＰＭＩがＰＭＢＯＫ Guide の初版を発行したことや、国内や米国の公共調達方式にＰＭが取り入れられたことなどによって、現在では、エンジニアリングやＩＴ関連企業はもとより、製造、製薬、食品から一般サービスに至る広範な領域で、モダンＰＭは具体的に導入され、活用されるようになっています。

この間、現場の管理を中心としたＰＭに加え、プログラムマネジメントやプロジェクトポートフォリオマネジメントといった、より上流の視点での手法も議論され、現場管理から経営まで包含する総合的なマネジメント手法へと成長を遂げようとしています。

本書は、このようなPMの重要性の高まりの中で発行されようとする初めてのPM国際標準策定のための、ISO／PC236国内対応委員会のメンバーによって書かれた、意欲的な一冊となりました。本書の発行は、そもそも日本規格協会理事長の田中正躬氏の強いお勧めによるものです。元ISO会長であり、モノづくりの標準化に大変高い見識をおもちの田中氏がモダンPMの有用性をご理解くださり、国内の多くの方にモダンPMを理解していただく機会を与えてくださったことに深く感謝いたします。

本書の執筆にあたった委員各位、執筆者欄にお名前はないものの平素の議論で本書の基礎を与えてくださった委員各位に感謝いたします。また、本書の発行にあたっては関係各省のご理解と国内審議団体である独立行政法人情報処理推進機構の皆様のご支援がありました。ここに感謝申しあげます。最後に、日本規格協会出版事業部の末安いづみさんに最大の感謝を表したいと思います。末安さんの大変な助力なくしては本書の発行は望めなかったものと思います。

二〇一〇年九月一日

文教大学（ISO／PC236国内対応委員会委員長）

関　哲朗

# 目次

発刊によせて
まえがき

第一章　プロジェクトマネジメント（PM）とは何か—PMの歴史探訪
1.1　プロジェクトとPM …… 13
1.2　モダンPMの生い立ち …… 14
1.3　モダンPMがカバーする領域 …… 17

第二章　PMの今
2.1　モダンPMの標準の理解 …… 21
2.2　組織戦略と複数プロジェクトのマネジメントに関する標準の理解 …… 33

2.3　プロジェクトマネジャーに求められるコンピテンシー（能力・技量）……38
2.4　ＰＭで参照されるその他の標準類……41
2.5　グローバルプロジェクトでのＰＭ……43

第三章　ＰＭの基本

3.1　ＰＭの特徴……48
3.2　ＰＭ実践の考え方……52

第四章　失敗事例に学ぶ

事例１　契約は自らを守るものであるという認識を徹底せよ……64
事例２　遅延回復のための安易な判断は更なる状況悪化を招く……70
事例３　業務スコープ・分担は無理なく漏れなく潜在的リスクはないか……78
事例４　計画性のない精神論のＰＭ……84
事例５　ほころびを繕うことで失敗プロジェクトを回避……90
〈コラム〉国際建設市場での競争力とＰＭ……92

## 第五章　プロジェクト成功のポイント

〈プロジェクトであることを確認する〉……94
ポイント1「有期性」を確認したか／ポイント2「独自性」を確認したか／
ポイント3「段階的詳細化」を確認したか
〈プロジェクトを定める〉……96
ポイント4　ステークホルダーは誰か／ポイント5　プロジェクトの目標は何
か／ポイント6　プロジェクトの制約条件・前提条件は何か
〈プロジェクトを計画する〉……102
ポイント7　WBS（作業の分解）及びネットワーク図（作業の流れ図）の作成
に十分な時間をかけたか／ポイント8　現実的な見積りをしているか／ポイ
ント9　リスクに十分備えているか／ポイント10　よいチーム作りをしている
か／ポイント11　プロジェクト計画の合意を得ているか
〈プロジェクトを実行する〉……106
ポイント12　プロジェクトの最新情報を把握しているか／ポイント13　チーム
作業をマネジメントしているか／ポイント14　変更を予測しているか／ポイ

ント15　コミュニケーションは万全か
〈プロジェクトを終結させる〉……111
ポイント16　プロジェクトの評価に十分な時間をかけたか
〈プロジェクト全体〉……113
ポイント17　常にリーダーとしての自覚をもっているか／ポイント18　ＰＭツールを活用しているか／ポイント19　ＰＭ標準を活用しているか／ポイント20　外部リソースの調達をマネジメントしているか

**第六章　ＰＭのこれから**

6.1　ＩＳＯの動向……120
6.2　既存ＰＭ標準への影響……124
6.3　ＰＭ標準の将来……126
索　引……133

# 第一章

# プロジェクトマネジメント（ＰＭ）とは何か——ＰＭの歴史探訪

太古のプロジェクトとして、古代エジプトのピラミッドを連想する人は少なくないだろう。ピラミッドには未解明の点も多いが、少なくとも建造に巧みなプロジェクトマネジメント（ＰＭ）が行われていたことは、これまでにわかってきている。作業チームの編成や作業項目が記された文字が残っているからである。

最近の研究によれば、建造に携わった大勢の人たちは、過去に想像されたような奴隷的労働を強いられたのではなく、近くに住居を構え、ある程度余裕のある生活をしていたようだ。図1・1のような精巧で巨大なピラミッドは、かなり地位の高い専門家と優れたＰＭがなければできなかっただろうと推定されている。

では、これが最古のＰＭかといえば決してそうではない。ＰＭの起源はいったいいつごろまでさかのぼれるだろうか。この問に答えるには、プロジェクトとは何か、ＰＭとは何かを、まずはっきりさせる必要があるだろう。

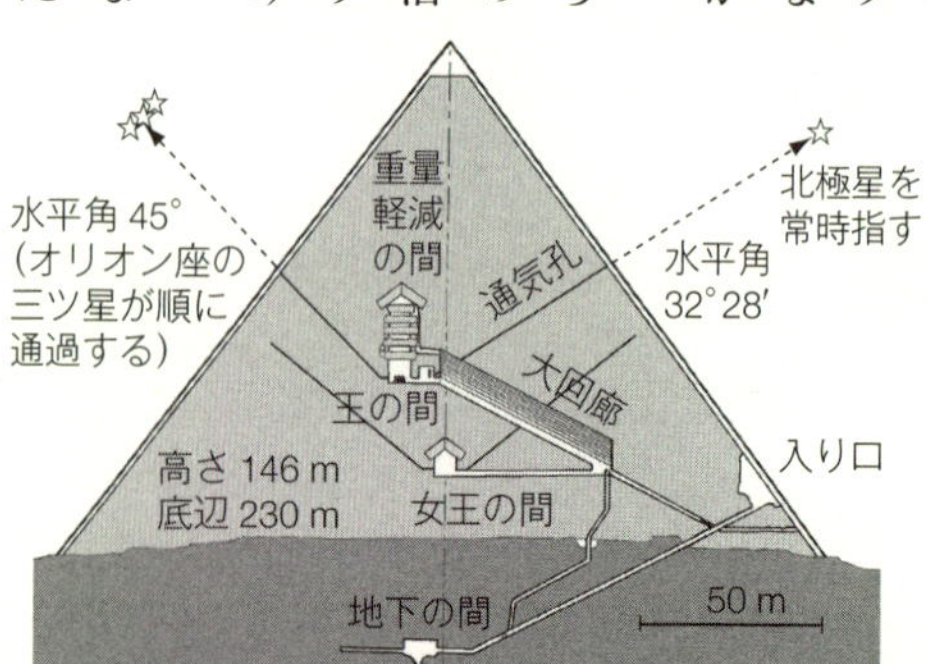


**図 1.1**　クフ王のピラミッド

## 1.1　プロジェクトとＰＭ

プロジェクトとは、特定の目標を期限内に達成するための独自の活動をいう。したがって、期限のないものはプロジェクトではない。全く同じものは二つとなく、反復活動ではないという特徴がある。プロジェクトの反対語は定常的活動なので、ルーチンワーク又はオペレーションといわれる。資源の制約の下に行われる点はプロジェクトもオペレーションも同じである。

特別な催し物の企画・実行などはプロジェクトとして扱われる。一方で、生産活動など定常的に反復するものはルーチンワークである。しかし、この境界は極めて明確というわけではない。事務所の引越しなら、一般的にはプロジェクトと考えるが、引越し業者にとってはルーチンワークに近い。

ＰＭとはプロジェクトがうまく目標を達成するように、知恵やツールを使って作業をマネジメントすることである。つまり、プロジェクトを成功させるためのマネジメント活動であるから、ＰＭは人類の誕生と共に始まったといえるだろう。日没までに穴を掘り寝場所を作るような仕事も、プロジェクトだからである。誰の周囲にもプロジェクトはあるし、個人でもたくさんのプロジェクトを行っている。

二十世紀の特大プロジェクトとして、「マンハッタンプロジェクト」がしばしばとりあげられる。原爆開発が目的で、米国で一九三九年に小さな研究から始まったプロジェクトが、カナダを加え三十か所での活動に及ぶ大きな機密プロジェクトへと膨れあがる。一九四五年に忌わしい爆弾三個が製造されたが、要員数は英国を加え最終的には十三万人にも達した。際限のない資源投入とマネジメントのやり方は、現代の「モダンＰＭ」とはかなり異なるのである。

## 1.2 モダンＰＭの生い立ち

ＰＭの知恵が分野を横断する形で蓄積され、形式知として使われるようになったのが「モダンＰＭ」である。いろいろな分野のプロジェクトでの活用、再現性や更なる蓄積での発展性という点で、過去の個別で属人的なＰＭと一線を画する。その始まりはマンハッタンプロジェクトが終了して十年以上後の、一九五七年頃のことである。つまり形作られ始めてからまだ半世紀と少しである。

モダンＰＭは、スケジューリング技法のアルゴリズムから始まった。それまでにも、ガントチャート（バーチャート）（図１・２）、ＬＯＢ（Line of Balance）チャート（図１・３）などの技法はできていたし、現在でも使われている。しかし的確なスケジューリングをするには、特定の期間で資源が論理的にどれだけ要るか、あるいは特定の資源で期間がどう短縮できるかを求めるような、科学的なアプローチが加えて必要とされた。

一九五六年に始まったデュポン社の工場停止プロジェクトで、ＣＰＭ（Critical Path Method＝クリティカルパス法）が開発された。同じ頃に開始された米海軍のポラリスミサイル開発プロジェクトでＰＥＲＴ（Program Evaluation and Review Technique＝プログラム評価とレビュー技法）が産み出された。どちらの手法にも、作業を矢印で示すＡＤＭ（Arrow Diagram Method＝アローダイアグラム法）（図１・４）が用いられた。

期間と負荷を算出するための

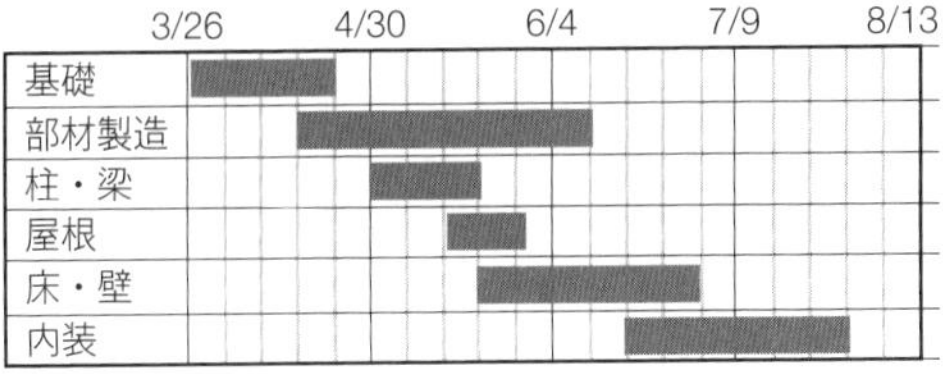


**図 1.2**　ガントチャート

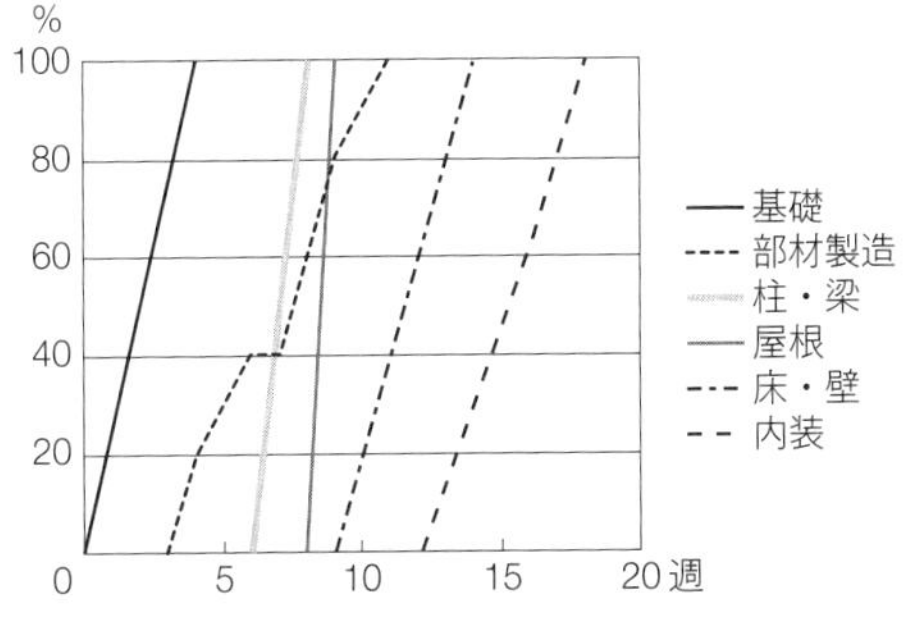


**図 1.3**　LOB チャート

ＡＤＭは、まもなく欧米で普及し始めた。これらが世に出始めたのがモダンＰＭの始まりとされる。同時期にあたる一九五七年は、旧ソ連による初の人工衛星の打ち上げが成功し、その後のＰＭ発展に大きく寄与した宇宙開発競争の元年にもあたる。

一九六一年、フォンダール（J. Fondahl）が手書きで扱えるスケジュール表記法として、ＰＤＭ（Precedence Diagram Method＝プレシデンスダイアグラム法）（図1・5）を考案した。ＰＤＭはザクリー（H.B. Zachry）によって、一九六四年に汎用コンピュータ向けにアルゴリズム化された。これによって科学的なスケジューリング手法が一気に世界中に広まったのである。

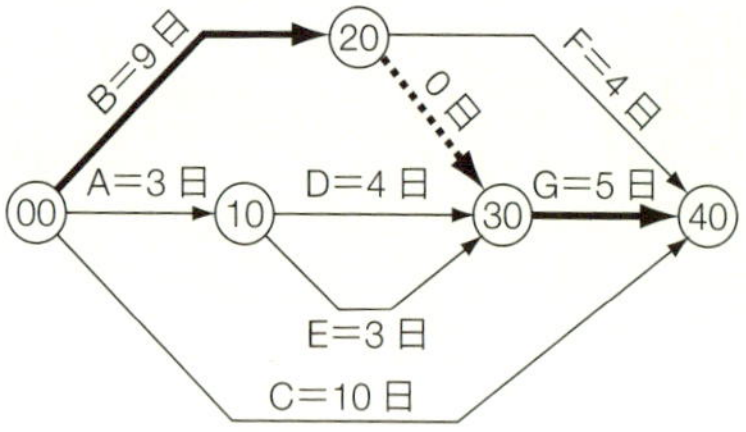


**図1.4　ADM**

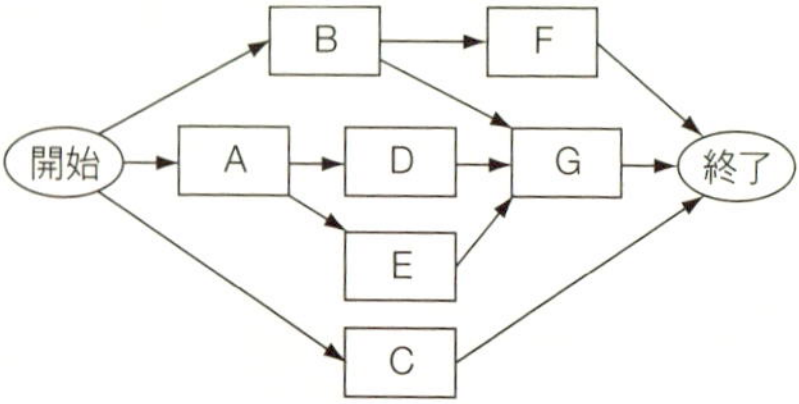


**図1.5　PDM**

複雑なプロジェクトの大量作業を計画・管理するには、コンピュータが欠かせない。ＰＤＭは一九六〇年代後半から七〇年代前半にかけて、ＰＣＳ／３６０というＩＢＭの無償ソフトウェアによって世界中に普及した。日本でも、同社が携わった航空座席予約（JALCOM）、新聞編集（Nelson）、放送番組編成（TOPICS）システム開発など、当時の先進的プロジェクトのPMに活用された。その後登場した各社のPMソフトウェア製品は、モダンPMのいろいろな領域を支援するようになってきた。今ではその多くが、場所を問わずネットワーク上で使える便利な形態になっている。

## 1.3　モダンPMがカバーする領域

スケジューリングに始まったモダンPMは、一九六〇年代に米国のNASAやDoD（United States Department of Defense＝国防総省）などのプロジェクトを中心に急速に発展した。WBS（Work Breakdown Structure＝作業の分解）と、それに基づくコストと進捗のマネジメント手法であるEVM（Earned Value Management＝出来高による計画・管理）、構成マネジメント、それにリスク、スコープ（範囲）、調達マネジメントなどである。これらは現在のモダンPMの基礎的なノウハウとなっている。

モダンPMの進歩は、PM団体の活動によるところが大きい。IPMA（International Project Management Association）は、欧州に一九六五年に設置されたPM団体が発展したものである。今では多くの国にIPMAに属するPM団体があり、四段階のPM資格認定などを中心に活動している。一方、PMI（Project Management Institute＝プロジェクトマネジメント協会）は、一九六九年に米国で設立されたが、二〇一〇年現在、世界で三十万人を超えるメンバーと二五〇の支部をもつ、世界最大のPM団体になっている。

モダンPMの対象領域は、単発のプロジェクトだけではない。関連するプロジェクトやオペレーションの集まりであるプログラムを扱うプログラムマネジメント、プロジェクトやプログラムの選択と優先順位づけを行うポートフォリオマネジメントが加わっている。また、知識分野は技術的なものだけでなく、組織のマネジメント、ステークホルダー（利害関係者）のマネジメント、組織のPM成熟度、リーダーシップ、動機づけなど、マネジメント分野や人間的なソフト分野が加わりながら発展している。

企業や組織のマネジメントでは、長期的なゴールやビジョンを定め、それに沿って設定した短期的目標やマイルストーン（一里塚、節目）を達成するように活動する。長期的なゴール実現を目指すのをプログラム、短期的な目標達成を目指すものをプロジェクトと考えればよいだろう。今日ではそれらの実現性を高めるために、PMは経営上欠かせないものとなってきた。個人が夢をもち、それに沿った目標を一歩ずつ実現することも同じといえる。いずれの場でもPMは大いに役立つものである。

# 第二章　ＰＭの今

第一章で示したように開始されたモダンPMの知識の蓄積は、それぞれの国や地域ごとに「標準」としてまとめられてきた。本章では、「PMの今」を知るために、モダンPMの普及と拡大に大きな貢献をしてきたPMBOK、ICB、PRINCE2、APMBOKなどの特徴を概観する。

また、PMBOKなどがPM、すなわちプロジェクトの現場のマネジメントに関する議論であるのに対し、プロジェクトの創成母体である企業が行うべき意思決定や活動に関する議論も進んでいる。このような活動は、プロジェクトポートフォリオマネジメントやプログラムマネジメントと呼ばれるものである。これらの活動についても、このために開発された標準を参照しながら概観したい。あわせて、プロジェクトマネジャーに期待されるコンピテンシー（能力・技量）や、PMの成功確率を高めるために参照されるべき標準類についても整理する。

本章の最後には、グローバルな協調関係の中にあるプロジェクトでは、どのようなことに注意しながらPMが進められているのかに触れ、最近増加しつつあるオフショア開発におけるPMの役割について言及する。

なお、本章はPMになじみのない読者にとっては、やや難解に感じられるかもしれない。しかし、ここで扱う様々な言葉や話題は、PMを理解するうえで大いに役立つものである。

まずは一読し、辞書的に参照する中で理解を進めてもらいたい。

## 2.1　モダンPMの標準の理解

### （1）PMBOK Guide（A guide to the Project Management Body of Knowledge）（通称、ピンボック）（以下、PMBOK）

PMBOKは、米国PMIが策定したPMの知識体系である。第一版が一九九六年に出版され、二〇〇八年十二月に現在の最新版である第四版が出版された。日本でも広く普及しており、PMのデファクトスタンダードのように考えている人も多い。PMBOKは、PMを実践するための知識とその運用のためのプロセスをベースとした体系になっており、五つのプロセスグループと九つの知識エリアのマトリックスで構成されている（表2・1）。各プロセスは、「入力」、「ツールと技法」、「出力」でその特性が表現されている。このような体系化され科学的手法に裏付けられたマネジメント手法は、従来のマネジメント手法と区別し、「モダンPM」と呼ばれ、PMBOKはその進歩と普及に大きな影響を与えている。

このPMBOKにかかわる認定資格がPMP（Project Management Professional）である。PMPは最終的には試験の合否による認定だが、受験にあたってはPMにかかわる一定時間以上の実務経験とPMI認定教育機関が実施するPM研修の受講が必須条件となって

知識エリアの分類

| （プロジェクトマネジメント・プロセス群） | | |
|---|---|---|
| **Executing Process Group（実行プロセス群）** | **Monitoring & Controlling Process Group（監視・コントロール・プロセス群）** | **Closing Process Group（終結プロセス群）** |
| 4.3 Direct and Manage Project Execution（プロジェクト実行の指揮・マネジメント） | 4.4 Monitor and Control Project Work（プロジェクト作業の監視・コントロール）<br>4.5 Perform Integrated Change Control（統合変更管理） | 4.6 Close Project or Phase（プロジェクトやフェーズの終結） |
| | 5.4 Verify Scope（スコープ検証）<br>5.5 Control Scope（スコープ・コントロール） | |
| | 6.6 Control Schedule（スケジュール・コントロール） | |
| | 7.3 Control Costs（コスト・コントロール） | |
| 8.2 Perform Quality Assurance（品質保証） | 8.3 Perform Quality Control（品質管理） | |

**表 2.1**　PMプロセス群と

| Knowledge Areas (知識エリア) | Project Management Process Groups: Initiating Process Group (立ち上げプロセス群) | Planning Process Group (計画プロセス群) |
|---|---|---|
| **4. Project Integration Management (プロジェクト統合マネジメント)** | 4.1 Develop Project Charter (プロジェクト憲章作成) | 4.2 Develop Project Management Plan (プロジェクトマネジメント計画書作成) |
| **5. Project Scope Management (プロジェクト・スコープ・マネジメント)** | | 5.1 Collect Requirements (要求事項収集)<br>5.2 Define Scope (スコープ定義)<br>5.3 Create WBS (WBS 作成) |
| **6. Project Time Management (プロジェクト・タイム・マネジメント)** | | 6.1 Define Activities (アクティビティ定義)<br>6.2 Sequence Activities (アクティビティ順序設定)<br>6.3 Estimate Activity Resources (アクティビティ資源見積り)<br>6.4 Estimate Activity Durations (アクティビティ所要期間見積り)<br>6.5 Develop Schedule (スケジュール作成) |
| **7. Project Cost Management (プロジェクト・コスト・マネジメント)** | | 7.1 Estimate Costs (コスト見積り)<br>7.2 Determine Budget (予算設定) |
| **8. Project Quality Management (プロジェクト品質マネジメント)** | | 8.1 Plan Quality (品質計画) |

(続き)

| (プロジェクトマネジメント・プロセス群) | | |
|---|---|---|
| **Executing Process Group (実行プロセス群)** | **Monitoring & Controlling Process Group (監視・コントロール・プロセス群)** | **Closing Process Group (終結プロセス群)** |
| 9.2 Acquire Project Team (プロジェクト・チーム編成)<br>9.3 Develop Project Team (プロジェクト・チーム育成)<br>9.4 Manage Project Team (プロジェクト・チームのマネジメント) | | |
| 10.3 Distribute Information (情報配布)<br>10.4 Manage Stakeholder Expectations (ステークホルダーの期待のマネジメント) | 10.5 Report Performance (実績報告) | |
| | 11.6 Monitor and Control Risks (リスクの監視・コントロール) | |
| 12.2 Conduct Procurements (調達実行) | 12.3 Administer Procurements (調達管理) | 12.4 Close Procurements (調達終結) |

Body of Knowledge (PMBOK Guide)、第四版]、Project Management

するものである。

**表 2.1**

| Knowledge Areas (知識エリア) | Project Management Process Groups Initiating Process Group (立ち上げプロセス群) | Planning Process Group (計画プロセス群) |
|---|---|---|
| **9. Project Human Resource Management (プロジェクト人的資源マネジメント)** | | 9.1 Develop Human Resource Plan (人的資源計画書作成) |
| **10. Project Communications Management (プロジェクト・コミュニケーション・マネジメント)** | 10.1 Identify Stake-holders (ステークホルダー特定) | 10.2 Plan Communications (コミュニケーション計画) |
| **11. Project Risk Management (プロジェクト・リスク・マネジメント)** | | 11.1 Plan Risk Management (リスク・マネジメント計画)<br>11.2 Identify Risks (リスク特定)<br>11.3 Perform Qualitative Risk Analysis (定性的リスク分析)<br>11.4 Perform Quantitative Risk Analysis (定量的リスク分析)<br>11.5 Plan Risk Responses (リスク対応計画) |
| **12. Project Procurement Management (プロジェクト調達マネジメント)** | | 12.1 Plan Procurements (調達計画) |

出典　Project Management Institute［A Guide to the Project Management Institute, Inc.、2008

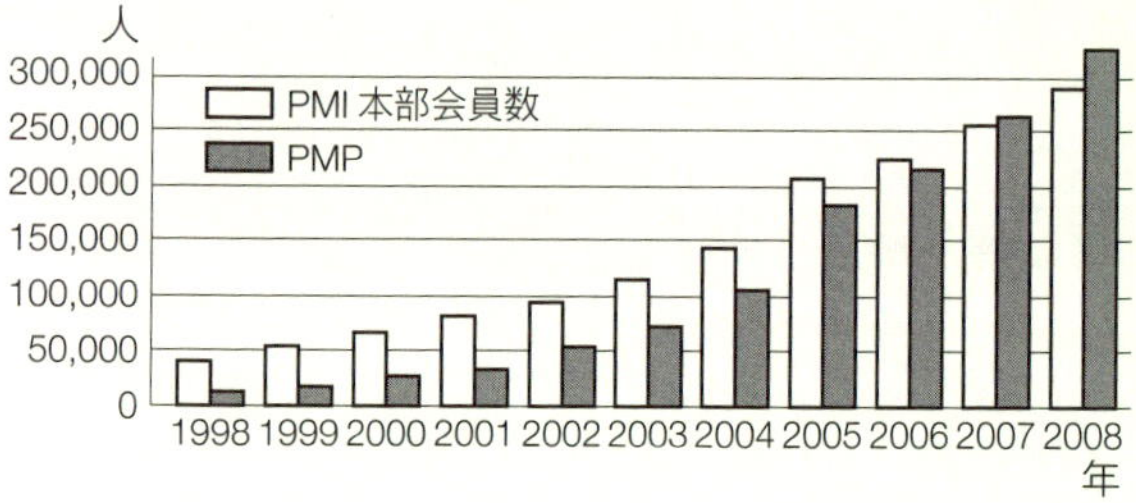


**図 2.1　PMI 本部会員数と PMP 資格取得者数の推移**

いる。ＰＭの実務経験とＰＭＢＯＫの知識の両方を兼ね備えていることを認定する資格という位置づけだ。最近では、システム開発のプロジェクトマネジャーにＰＭＰ保有者を当てることを受注条件とする商談も発生しており、その認知度も急速に高まっている。ＰＭＩによれば、ＰＭＩの会員数は三一万七九六二人、ＰＭＰ資格保有者は三七万五九五九人（二〇一〇年三月末時点）であり、若干調査時点が異なるが、日本会員は二四三八人、日本のＰＭＰ資格保有者は二万五五八〇人とのことである（『ＰＭＩ日本支部アニュアルレポート２００８』より）。ＩＴ業界を中心に、二〇〇〇年以降のＰＭへの関心の高まりと共に急激な増加となっている（図２・１）。

### （２）　ＩＣＢ（IPMA Competence Baseline）

ＩＣＢはＩＰＭＡが制定したＰＭ標準である。ＩＰＭＡはスイスに本拠を置く連盟組織で、一九六五年に設立、五大陸で五十のPM専門団体が加盟し、四万人を超える個人メンバーが参加している。各国の団体は、NA（National Association）という位置づけで活動し、IPMAの基準に基づいた自国の資格認定制度を運用している。加盟国は欧州（三十二か国）中心だがアジアでも中国、インドなど七か国が加盟しており、更なる拡大を目指している（日本には加盟している団体はない。）。

PMBOKが知識とプロセスをベースとした体系となっているのに対し、ICBはプロジェクトマネジャーのコンピテンシーの標準であり、各国の資格認定の水準を統一する目的でまとめられている。各国の団体は、ICBに準拠した自国のベースラインであるNCB（National Competence Baseline）を作成し、それに基づく資格認定を実施する形で運用されている。

現在のICBは、二〇〇六年公開のVersion 3が最新版であり、「行動コンピテンス（Behavioural Competences）」、「関連コンピテンス（Contextual Competences）」、「技術コンピテンス（Technical Competences）」の三つのカテゴリーに分けられ、それぞれ十五、十一、二十のコンピテンスの項目（Competence Elements）で構成されている（表2・2）。

IPMAでは、これに基づく四レベルの資格制度を制定している。四レベルとは、最上

**表 2.2　ICB のコンピテンシー項目（筆者訳）**

| 行動コンピテンス（Behavioural Competences） | 関連コンピテンス（Contextual Competences） | 技術コンピテンス（Technical Competenses） |
|---|---|---|
| ・リーダーシップ<br>・関与と動機づけ<br>・自己統制<br>・自己主張<br>・リラクゼーション<br>・開放性<br>・創造性<br>・結果志向<br>・効率性<br>・コンサルテーション<br>・ネゴシエーション<br>・対立と危機<br>・信頼性<br>・価値認識<br>・倫理 | ・プロジェクト志向<br>・プログラム志向<br>・ポートフォリオ志向<br>・プロジェクト、プログラム、ポートフォリオの適用<br>・常設組織<br>・ビジネス<br>・システム、プロダクト及び技術<br>・人事管理<br>・保健、保障、安全及び環境<br>・ファイナンス<br>・法律要件 | ・プロジェクトマネジメントの成功<br>・利害関係者間<br>・プロジェクトの要求と目的<br>・リスクと機会<br>・品質<br>・プロジェクト組織<br>・チームワーク<br>・問題解決<br>・プロジェクト構造<br>・スコープと納品物<br>・時間とプロジェクトフェーズ<br>・リソース<br>・コストとファイナンス<br>・調達と契約<br>・変更<br>・統制と報告<br>・情報と文書<br>・コミュニケーション<br>・立ち上げ<br>・クロージング |

位からレベルA（Certified Projects Director）、レベルB（Certified Senior Project Manager）、レベルC（Certified Project Manager）、レベルD（Certified Project Management Associate）である。

認定に際し、レベルDは試験のみの認定だが、レベルC以上には担当プロジェクトに関する論文記述とアセッサーによるインタビューによって認定がなされる。IPMAによれば、加盟五十か国で約十万人が認定を受けている。

中でもレベルＡは全世界で二百名のみであり、ＰＭ資格の最高峰と位置づけている。

### （3）ＰＲＩＮＣＥ2（Projects in Controlled Environments）（通称、プリンスツー）

ＰＲＩＮＣＥ2は、一九八九年にＣＣＴＡ（Central Computer and Telecommunications Agency）によって作られ、その組織はＯＧＣ（Office of Government Commerce）と名称を変更した。

ＰＲＩＮＣＥは、当初ＰＲＯＭＰＴ（a project management method created by Simpact Systems Ltd.）によって一九七五年に作られ、その後一九七九年に前述のＣＣＴＡに採用された。一九八九年にＰＲＩＮＣＥとして立ち上げられたときには、英国政府内の公共プロジェクト等に使用され、一九九六年にＰＲＩＮＣＥ2として改訂され、一五〇〇を超える欧州の組織によって作られたコンソーシアムでサポートされ拡大的に利用されてきた。

その後、一九九八年、二〇〇二年、二〇〇五年と改版を重ね、二〇〇九年に第五版が完成した。第五版では、従来よりも更に守備範囲を広げた感があり、大きくは次の四種類の要素がある。

・プリンシプル（ビジネス整合、ステージごとの管理、プロジェクト環境との整合）
・テーマ（ビジネスケース、組織、品質、計画、リスク、変更、進展）

・プロセス（プロジェクトの準備、方向づけ、開始、ステージの制御、成果の管理、ステージ共感の管理、終了）
・プロジェクト環境とPRINCE2のテーラリング

これらの考え方に関して、担当者レベル、上級レベル向きの説明用ドキュメントが用意されている。

**（4）APMBOK**（APM Body of Knowledge）（通称、エーピーエムボック）

APMBOKは、英国プロジェクトマネジメント協会のAPM（Association for Project Management）が制定したPM標準であり、二〇〇六年に発行された第五版を最新とし、七つのセクションと五十二のトピックスに分類された知識体系である。APMとは、欧州最大のPM関連組織で、英国を中心に一万七五〇〇の個人会員と五百の法人会員が参画している。APMでは、PMの専門性サポートのための五つの要素を提示している。五つの要素とは表2・3のとおりである。

このように体系的・実践的に記述されたAPMBOKによって、プロジェクトマネジャーの知見の広がりをサポートする位置づけとなっている。APMBOKの概要を表2・4に示す。

## （5）その他

PMに関する各国の標準は、その取りまとめ方によっていくつかのパターンに分けることができる。

・主要団体の標準をそのまま国家規格にする。例えばPMBOKはANSI／PMI99‒001‒2008として米国国家規格にも定められている。

・国家標準化機関が独自に開発し国家規格にする。例えばドイツ国家規格のDIN69901シリーズが代表的である。ただし、DINのウェブサイトを見ると、英国のPRINCE2の内容にも配慮していることが伺える。また、PMIやANSIの紹介もあり、独自に開発とはいえ、多方面の標準を参考に開発されたものと推察される。

・国内にある複数の標準を一つにまとめ直して国家規格にする。英国国家規格のBS6079が例に

表 2.3　APMBOKの五つの要素

| | |
|---|---|
| Breadth | APMBOKにより定義された知識体系理解による知見の広がり |
| Depth | APM Competence Frameworkに則ったPM能力の深耕 |
| Achievement | IPMAと連携したAPM資格認定の達成 |
| Commitment | 実践を通じて継続的に専門性開発を行うというコミットメント |
| Accountability | APMメンバーシップや専門家としての規範を通じたアカウンタビリティ |

**表 2.4**　APMBOK（第五版）の目次（筆者訳）

1. プロジェクトマネジメント概要
   - 1.1 プロジェクトマネジメント
   - 1.2 プログラムマネジメント
   - 1.3 ポートフォリオマネジメント
   - 1.4 プロジェクト状況
   - 1.5 プロジェクトスポンサーシップ
   - 1.6 プロジェクトオフィス
2. 戦略の計画立案
   - 2.1 プロジェクトの成功と利益マネジメント
   - 2.2 ステークホルダーマネジメント
   - 2.3 価値マネジメント
   - 2.4 プロジェクトマネジメント計画
   - 2.5 プロジェクトリスクマネジメント
   - 2.6 プロジェクト品質マネジメント
   - 2.7 健康、安全及び環境マネジメント
3. 戦略の実行
   - 3.1 スコープマネジメント
   - 3.2 スケジューリング
   - 3.3 リソースマネジメント
   - 3.4 予算作成とコストマネジメント
   - 3.5 変更管理
   - 3.6 アーンドバリューマネジメント
   - 3.7 情報マネジメントと報告
   - 3.8 問題マネジメント
4. 技術
   - 4.1 要求マネジメント
   - 4.2 開発
   - 4.3 評価
   - 4.4 技術マネジメント
   - 4.5 価値エンジニアリング
   - 4.6 モデル化と試験
   - 4.7 コンフィグレーションマネジメント
5. ビジネスと広告
   - 5.1 ビジネス例
   - 5.2 マーケティングと販売
   - 5.3 プロジェクトの財務と財源
   - 5.4 調達
   - 5.5 法的な配慮
6. 組織と制御
   - 6.1 プロジェクトライフサイクル
   - 6.2 コンセプト
   - 6.3 定義
   - 6.4 実施
   - 6.5 移行とクローズアウト
   - 6.6 プロジェクトレビュー
   - 6.7 組織構造
   - 6.8 組織の役割
   - 6.9 方法と手続き
   - 6.10 プロジェクトマネジメントの制御
7. 人的素養と専門性
   - 7.1 コミュニケーション
   - 7.2 チームワーク
   - 7.3 リーダーシップ
   - 7.4 競合マネジメント
   - 7.5 ネゴシエーション
   - 7.6 人的資源マネジメント
   - 7.7 行動特性
   - 7.8 学習と進歩
   - 7.9 プロフェッショナリズムと倫理

あげられる。

それぞれの国のプロジェクト活動がどのような組織体によってコントロールされているかが、これらの依存性を決めるものと思われる。例えば、DIN69901シリーズは、PMシステムの基本、プロセスとプロセスモデル、手法、データとデータモデル、コンセプトからなっている。この規格中、データモデルの部分が現在策定されているPMに関するISO規格に取り込まれようとするなど、規格相互間の関係や成り立ちなどは複雑に絡み合ったものとなっていることがわかるだろう。

## 2.2　組織戦略と複数プロジェクトのマネジメントに関する標準の理解

欧米を中心とする諸外国では、PMの有用性が十分に認知され、その高度化、汎用化が行われている。特に、組織の中での革新的な活動を、プロジェクト方式の仕事として期間やコストを定め、関係者を集めて、集中的に活動を行うことの評価が確立している。そのため、どのような活動をすることが組織のために一番効果的か、その活動を少し長めの「期間・群」でまとめたら効果がもっと上がるのではないかと考えて、PM標準よりも上流の標準（プロジェクトポートフォリオ標準）や、複数のプロジェクトを群としてまとめた活動の標準（プログラムマネジメント標準）が近年整備されてきた。

これらの考え方は、主としてトップダウンの経営手法をとる欧米流の発想から始められたものである。この手法の有効性を理解した一部の日本企業の中には、これらの手法を取り入れて効果が出始めたところもある。さらには、トップダウン手法と、ボトム（現場）アップ手法を併用するという我が国ならではの手法をこれらの中にもち込むところも出始めている。

テイラー（F.W. Taylor）の「科学的管理法」の提唱に端を発するモノづくりのマネジメントは、およそ百年の歴史の中で、高度に発展してきた。一方、モダンＰＭの原点は一九六〇年代にあっても、その目覚ましい普及は一九九六年のＰＭＢＯＫの発行に始まるのだから、わずか十年余の議論の歴史しかもっていない。そういう意味からも、ＰＭの手法は今後ますます高度化、複雑化していく高い可能性をもっているといってよいだろう。

以下では、組織戦略と複数プロジェクトのマネジメントに関する具体的な提案を見ていこう。

### （１）ＰＭＩの例

#### ポートフォリオマネジメント標準（第二版）（ＡＮＳＩ／ＰＭＩ０８‐００３‐２００８）

組織がビジョン、ミッションをもち、それに合致した戦略と目標を備え、戦略的、定常的な活動を実行する際に、価値を最大化するように資源の配分を調整することがポートフォリオマネジメントの目的である。どんなに正しく仕事をしても組織戦略・目標と外れた仕事をしては組織の利益に適わない。ポートフォリオマネジメント標準は、「正しい仕事をする」ことに焦点を当てている。PMBOKやプログラムマネジメントの標準が「正しく仕事をする」ことに焦点を当てていることと対比される。ポートフォリオマネジメント標準は、二〇〇六年に初版が、二〇〇八年には大幅に改訂された第二版が発行された。

この第二版では、具体的に、ポートフォリオマネジャーの役割、知識、スキルや、ステークホルダーの役割定義を充実し、知識エリアとしてポートフォリオガバナンスとポートフォリオリスクマネジメントが追加された。この領域の業務は従来、それぞれの組織の企画部門が実施してきた領域であり、その領域を現場のプロジェクトとつなぐことで、新たな価値創造につなげることが期待されている。

**プログラムマネジメント標準（第二版）（ANSI／PMI08－002－2008）**

プログラムマネジメントは、複数のプロジェクトをまとめてマネジメントすることで、組織が目標とする利益が出ることを目指すための活動である。つまり、PMBOK（プロジェクト標準）に書かれていることよりも広い視野をもち、企業等の組織全体でプロジェクト運用の効率や利益を最適化しようとする活動である。もちろん、この活動には、プロジェクトマネジャーとは別の担当者が置かれることが一般である。プログラムマネジメント標準も、ポートフォリオマネジメント標準と同様に二〇〇六年に初版が出され、二〇〇八年に大幅改訂されている。第二版は第一版と比べてほぼ三倍のページ数になり、内容も充実した。具体的には、知識エリアには、プロジェクトレベルでは存在しなかった財務マネジメント、ステークホルダーマネジメント、ガバナンスの重要な考え方が導入された。逆にコストマネジメント、品質マネジメント及び人的資源マネジメントは、プロジェクトレベルでの知識として明確にPMBOKの知識エリアを参照するように整理されている。

**（2）OGCの例**

英国のOGCは、MSP（Managing Successful Programmes）と呼ばれる文書の中で、組織とポートフォリオ、プログラム、プロジェクトの三者をあげ、その関係をP3O（ピースリーオー）という呼び方で説明している。

MSPは、一九九九年に初版が、二〇〇三年に第二版、二〇〇七年に第三版が出された。同じOGCが発行するPRINCE2（プロジェクト標準）にはプロジェクトを進めるうえで重要な意思決定を要する場面（ステージゲート）を考慮している。PRINCE2の上位概念に相当するMSPでは、より明確にステージを越えるゲートの管理が行われることを想定して議論が示されていることが特徴だ。具体的には、英国政府がハイリスクと認定するシステム開発でのゲートレビューはOGCゲートレビュープロセスが別途定められ参照される。

MSPでは、

・遷移のフロー（プログラム開始、プログラムの定義、各種リソースの取得から開放、プログラム終了）

・ガバナンステーマ（組織、ビジョン、リーダーシップとステークホルダーの関係づけ、ベネフィット実現の管理、ブループリントデザインと実現、計画管理、ビジネスケース、リスクと問題管理、品質管理）

・プリンシプル（組織戦略の調整、変改の対応、よりよい将来のための予測と対話、ベネフィットの焦点化と脅威への対処、付加価値の付与、デザインと調達で調和のとれた資源管理、経験からの学習）

の三階層からなる考え方でフレームワークと概念が構成され、これらの各要素について、例示を含め説明を加えている。このあたりが、プログラム標準として、具体例、即物的な例を載せない概念中心の「米国式」と実際的な書きぶりの「英国式」との差を感じさせるところでもある。

## 2.3 プロジェクトマネジャーに求められるコンピテンシー（能力・技量）

各標準には、プロジェクトマネジャーに求められるコンピテンシーに関する記述が与えられている。ここでは、ICB、APMBOK、PMBOKに示されたコンピテンシーに関する記述を紹介する。なお、表2・5には、ここで取りあげる三つの標準に記述されたコンピテンシーの項目を一覧にしている。

### （1） ICBの記述

ICBには十五種類の行動コンピテンス（Behavioural Competences）が示されている。その記述の特徴は、IPMAの四レベルの資格レベルに応じたキーコンピテンスを定義すると同時に、行動パターンとして「適切な行動」と「改善すべき行動」を対にして提示している点だ。例えば、リーダーシップの節では、「適切な行動」として「他のメンバーを信頼して作業を委任でき、彼らを指導・育成し、期待どおりの成果を出せる」という記述を行い、これに対応する「改善すべき行動」として「他のメンバーに作業を委任せず、指導・育成をしない」という記述がなされている。これによって各コンピテンス要素の理解を容易にする

**表 2.5**　各PM標準で記載されたコンピテンシー項目（筆者訳）

| ICB | APMBOK | PMBOK |
|---|---|---|
| リーダーシップ<br>Leadership | コミュニケーション<br>Communication | リーダーシップ<br>Leadership |
| 関与と動機づけ<br>Engagement and Motivation | チームワーク<br>Teamwork | チーム形成活動<br>Team Building |
| 自己統制<br>Self-control | リーダーシップ<br>Leadership | 動機づけ<br>Motivation |
| 自己主張<br>Assertiveness | 競合マネジメント<br>Conflict Management | コミュニケーション<br>Communication |
| リラクゼーション<br>Relaxation | ネゴシエーション<br>Negotiation | 影響力<br>Influencing |
| 開放性<br>Openness | 人的資源マネジメント<br>Human Resouce Management | 意思決定<br>Decision Making |
| 創造性<br>Creativity | 行動特性<br>Behavioural Characteristic | 政治的風土と文化に対する認識<br>Political and Cultural Awareness |
| 結果志向<br>Results Orientation | 学習と進歩<br>Learning and Development | 交渉<br>Negotiation |
| 効率性<br>Efficiency | プロフェッショナリズムと倫理<br>Professionalism and Ethics | |
| コンサルテーション<br>Consultation | | |
| ネゴシエーション<br>Negotiation | | |
| 対立と危機<br>Conflict and Crisis | | |
| 信頼性<br>Reliability | | |
| 価値認識<br>Values Appreciation | | |
| 倫理<br>Ethics | | |

よう工夫されている。

### （2） ＡＰＭＢＯＫの記述

ＡＰＭＢＯＫの個人に関するコンピテンシーは、その七章「人的素養と専門性（People and the profession）」で定義されている。ＡＰＭＢＯＫで定義されたコンピテンシーは別冊の「APM Competence Framework」で更に詳細に記述されているが、ここで興味深いのは、この七章で定義された九項目が APM Competence Framework の中では、「The behavioural competence domain」として記述されている点だ。つまり、九種類の個人のコンピテンシーをＩＣＢと同様の行動コンピテンス（Behavioural Competences）という言葉でカテゴライズしており、ＩＣＢの十五種類のコンピテンシーを、ＡＰＭでは九種類に再整理し定義し直しているということである。さらには、ＡＰＭではＩＰＭＡの四レベル資格に対応するＡＰＭの四レベル資格制度を運用しているが、各コンピテンシーのレベル評価のための指標を詳細に定義しており、知識と経験の観点から定量的に評価できるようにしている点も興味深い。資格制度と連携していることもあり、プロジェクトマネジャーが自らのコンピテンシーレベルを知るために有効なツールとなっている。

### （3）PMBOKの記述

PMBOKでは、第四版の付録の中で「人間関係のスキル」として個人のコンピテンシーを定義している。付録であるためか、各項目の定性的な説明を簡単に記載するにとどまっている。PMIではプロジェクトマネジャーのコンピテンシー開発に関する体系をPMCDF（Project Manager Competency Develpment Framework）として別に発行しており、PMBOKの付録に示される八項目を含め、プロジェクトマネジャーのコンピテンシーを、知識、実践、人格の三次元に分けて具体的に定義している。

## 2.4　PMで参照されるその他の標準類

PM標準を広く考えるうえで、参考になる又は今後押さえておくべき標準をいくつか紹介する。

### （1）ITIL（通称、アイティル）

ITIL（IT Infrastracture Library）は、ITサービスマネジメントのベストプラクティスのフレームワークを提供するものとして、一九八九年にCCTAによって発行された。現在は、OGCによって管理されている。

初版は、英国とオランダで使われ始め、二〇〇〇年から二〇〇一年の改訂作業で第二版に、二〇〇七年には第三版が発行されている。ＩＴＩＬは英国規格ＢＳ５０００のベースとなっており、このＢＳ５０００は、ＩＳＯ／ＩＥＣ２００００に移行され、国際規格になっている。

初版では、ＩＴサービスの三十一項目についてのみ記述されていたが、そのうち七項目が置き換えられて、ＩＴＩＬ Ｖ２として改訂されてから広く使われ始めた。その後、サービスライフサイクルなどを考慮した五冊のコア資料として、ＩＴＩＬ Ｖ３へと大幅に改訂された。

サービス戦略、サービスデザイン、サービス移行、サービス運用、継続的改善というように、サービスを絶えず改善、向上し、効率を上げていくためのフレームワークを提供している。プロジェクトにＩＴが使われる際に、ＩＴＩＬを考慮することで、プロジェクト全体を効率よく下支えするツールとなる。

**（２） ＢＡＢＯＫ**（Business Analysis Body of Knowledge）（通称、バボック）

ビジネス分析のための標準を目指して、カナダに本部を置くＩＩＢＡ（International Institute of Business Analysis）が初版を二〇〇五年に、Ｖ１・６を二〇〇六年に、Ｖ２・０

を二〇〇九年に発行した。基本的には、幾多のプロジェクトが初めに要求を正しく聞き出していない、理解していない、確認されないままに進んで、最終的に出来上がったものが本来の組織の目的に合致せず失敗に終わることが多かったために、まずその最上流を確認しながらプロジェクトを進めることに主眼を置くことが考えられた。ノウハウとして、ビジネス分析の計画モニタリング、要求の聞き出し、要求管理とコミュニケーション、エンタープライズ分析、要求分析、ソリューションアセスメントと確認、潜在的コンピテンシーがあり、それらを支える技術から構成されている。

プロジェクトを遂行することの様々な標準や規格が存在するが、そもそも正しくプロジェクトを設定すること、すなわち目標設定、成果設定、要求分析などといったことがややもするとおろそかになりがちである。結果として人、モノ、時間という大切なリソースを注ぎ込んだにもかかわらず、当初の期待が実現されないことも少なくない。その観点において、BABOKはプロジェクト計画の基礎を得るうえで有用な道具になるだろう。

## 2.5　グローバルプロジェクトでのPM

IT業界から例をとり、グローバルプロジェクトでのPMの実態を見てみよう。IT業界では、コストダウンや開発要員の確保などを目的にオフショアを使った開発を行うケースが増えている。中国やインドといった低価格でソフトウェア開発を行う能力をもった国に開発を委託する方法だ。その歴史は既に二十年以上に及ぶが、二〇〇〇年以降急拡大しており、昨今の経済不況から伸びは鈍化したものの、長期的にはまだまだ拡大が予想されている（図2・2）。

オフショア開発は、日本でシステム設計を行い、その設計書をベースに、例えば中国のオフショア会社にプログラミング、単体テストを委託、成果物の納品を受け、以降のテストを日本で実施してシステムを完成させていくという、まさにグローバルなプロジェクトである。このようなプロジェクトをマネジメントするプロジェクトマネジャーはグローバルなプロジェクト特有のマネジメントの視点をもってプロジェク

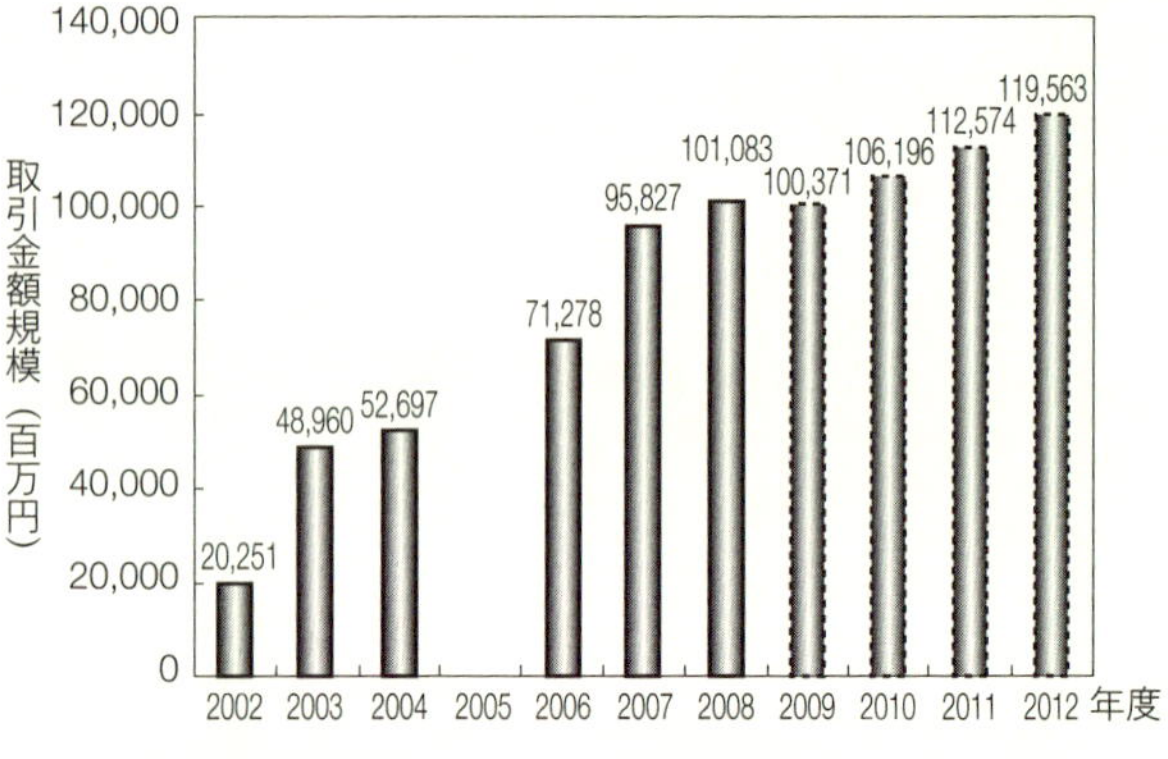


**図 2.2**　日本のオフショア開発取引規模の将来推計

［出典　独立行政法人情報処理推進機構（2010）：IT 人材白書 2010］

トを運営するスキルが求められる。もちろん、国内、グローバルを問わない。PMBOK等に見られるPMの基本知識をもち、それを実際のプロジェクトで活用できるPMの運用能力が、プロジェクトマネジャーに必要な基本スキルである。

実際のオフショア開発においては、「品質管理が難しい」、「言語が異なりコミュニケーションが難しい」などが課題の上位を占める（『IT人材白書2010』より）。多くのオフショア会社は「CMMI*レベル○を取得済み」というようなセールストークをしているにもかかわらず、品質問題は常に重要な課題として取りあげられる。これらの課題は必ずしもPMの問題ではないが、PMを精緻に適用することによって、予防又は問題の程度を極小化することができる。

現実に、オフショアを行うITベンダーは、自らがもつ開発標準にPMBOKなどを重ね、オフショア特有のWBSやチェックポイントを設定するなどリスクヘッジを行っている。特定のオフショア会社に繰り返し発注を行う場合は次第にリスクが軽減されるが、新規

＊ CMMI（Capability Maturity Model Integration ＝能力成熟度モデル統合版）は、米国カーネギーメロン大学によって開発されたソフトウェア開発を中心とした開発プロセスを評価するためのモデル。レベル5が最高の状態で、オフショア企業はレベル5取得を掲げるところが多い。

のオフショア会社を使う場合には、仕事の進め方、プロジェクトのマネジメントの仕方を双方で理解し合う必要がある。相手のプロジェクトマネジャーの力量の見極めも重要だ。このような場面では、ある程度の規模の開発を委託する前に、先行開発の位置づけで小規模開発を行い相互理解を図るケースが多い。互いが既知の標準の中で仕事の進め方やPMの仕方を議論できれば、一層効率的なものとなる。プロジェクトマネジャーの選定においても、既知の資格認定者を前提とすることで一定レベル以上のプロジェクトマネジャーの割当てが可能となる（もちろん、そのプロジェクトマネジャーの力量の十分性を保証するものではない）。日本からのオフショアは、日本側プロジェクトの都合（標準）で調整されることが多く、善し悪しは別として一方通行である。第六章で触れられるようなPM国際標準化の流れの中で、相互コミュニケーションが進み、オフショアのようなグローバルプロジェクトの運営負荷が軽減されることを期待したい。

# 第三章　ＰＭの基本

本章では、ＰＭを実践するための基本的な考え方や手法を概観する。

## 3.1　ＰＭの特徴

「特定の目的、目標を期限内に達成するための独自の活動」であるプロジェクトには、次のような特徴があるといわれている。

### 独自性の存在＝リスクの存在

プロジェクトは、ある特定の目的、目標の達成のために組織されるものであり、基本的に「初めて」の活動である。同じ仕様のビルを複数建設するケースなど、類似の場合もあるが、その場合でも、土地の形状、周辺の環境など、ユニークな条件が必ず存在する。そのため、未経験の活動に伴うリスクが必ず存在する。このリスクの存在を明らかにし、どのように対処するかがＰＭ成功の鍵となるといっても過言ではない。

### 計画の重要性

プロジェクトには必ず実行する期間等の制約がある。したがって、終了時点までにどのように作業をこなし、終結させていくかという計画が必要だ。「明日は明日の風が吹く」では、

ＰＭにはならない。これに対して、「将来を予測することはできない」という反論があるかもしれない。確かに、予測はできないかもしれない。しかしながら、それを計画することはできる。ＰＭにおいて、この「計画する」ということが重要な起点となる。

## 段階的に進めていく

未経験の活動であるのに厳しい制約が与えられている。この状況をどのように打開していくか。「とりあえずできるところからやってみよう」では成功はおぼつかない。まずは大雑把でもいいから全体の期間をいくつかの段階（フェーズ）に分け、それぞれでどのようなことをするかを分類し、進めていく中で詳細が詰まってきたら、そのフェーズの終了時点で改めて次のフェーズのより詳細化した計画を作って進めていくことが必要になる。

## ＰＤＣＡサイクルを回す

ＰＤＣＡサイクルとは、改善活動を表すマネジメントの基本的な考え方である。

Plan（計画）→ Do（実施）→ Check（チェック）→ *Act（処置）

＊「Act」を、「Analysis and Act」と紹介している本もある。

の順番に物事を進めていくことで、作業を継続的に改善する。

ＰＭにおいても、この考え方を応用することができる。

プロジェクト全体を通して、又はプロジェクトのフェーズごとに、ＰＤＣＡサイクルを回していくことで、目的とする地点に軟着陸を果たしていく。ここにＰＭの醍醐味がある。

ＰＭにおいては、最初にプロジェクトを開始するための「立ち上げ」と、最後には後続する作業へつなげる「終結」の部分が必要となる。また、Check → Act の部分をあわせてコントロールとする次の表現が一般的である。

立ち上げ → (計画→実行→コントロール) → 終結

注　(　) は繰返しを示す。

## ＱＣＤのトレードオフをマネジメントする

ＱＣＤは、Quality, Cost, Delivery の頭文字をとったもので、それぞれ、品質、コスト、納期（スケジュール）という、プロジェクトの三大制約条件を表している。

プロジェクトを依頼する側は、品質がよく、コストの安いものを短期で納めてくれればよいと思いがちだが、品質を高めるためには、人、モノ、設備などに高いものを使わなければならなかったり、手間がかかったりする。同様に、コストを下げようと思えば、品質や機能をあきらめざるを得なかったり、習熟度の低い要員で実行せざるを得ず、時間がかかったりする。短納期を目指せば、やはり品質や機能をあきらめるか、要員を投入するなどのコストの増加要因になる。このように、QCDのどれかを高めようとすると他の要因に影響が出る。PMにおいて、QCDの三大制約条件（エターナルトライアングルなどと表現される場合もある。）のトレードオフをいかにマネジメントしていくかが成功の鍵を握る。

**コミュニケーションをとる**

プロジェクトは多くの場合、組織の運営に変化をもたらすために計画される。そのため、様々な部門にまたがって、利害関係者に影響を与えることがある。また、プロジェクト遂行にあたっても、計画を作る担当者、業務実行の担当者、状況を管理する担当者など、様々な業務担当者の作業を集約して行われることが多い。このようなプロジェクトにかかわる関係者であるステークホルダーとの間で、いかに情報を共有していくかが、プロジェクトを円滑に進めるためのポイントとなる。

## 3.2　ＰＭ実践の考え方

以上のようなＰＭの特徴を背景に、ここからは、ＰＭを実践していくうえで気をつけるべきことを述べていく。

### 段取り八分（ＰＤＣＡはＰがあって始まる）

すべてのプロジェクトには、設定された制約条件がある。このことから、計画を立てて実行することの重要性が導かれる。ただ、プロジェクトにおいての計画の重要さは、定常業務のそれとはかなり異なるように思える。それは、プロジェクトの計画が、先に示したＰＤＣＡサイクルを回したことの結果を評価するものさしになっているからである。

例えばＰＭＢＯＫの中には、四十四のマネジメントプロセスが定義されているが、その半数が計画プロセス群に属している。ここで、九つのプロセスエリアの計画が策定され、プロジェクト実施段階では、基準となる計画がプロジェクトのベースラインとしてものさしの役割を果たしていく。このベースラインは、プロジェクト実行中に計画の達成状況をはかるものさしとして利用されるので、あらかじめ定められた手続きに従うほかは、変更してはいけない。これを変更してしまうと、例えばゴムのものさしで長さをはかるようなもので、その測定に信頼が置けなくなってしまう。

このように、プロジェクトにおいては、計画段階ですべての作業の範囲、予算や関係するステークホルダーなどが認識されるべきである。日本のことわざにも「段取り八分（段取りが物事の成否の八割方を決めてしまう。）」というものがあるが、物事を実施する際の計画の重要性の認識は、洋の東西を問わず、共通のものがあるようだ。

## 転ばぬ先の杖（PMはプロアクティブ）

プロジェクトマネジャーには、プロジェクトの成功に向けての大きな責任と権限が与えられている。したがって、可能な限り障害が発生しないように、問題点は早めに見つけて対応しておく「プロアクティブ」な行動が求められる。多くの場合、「しばらく様子を見てみよう」という判断は、取り返しのつかない手戻りを引き起こすと認識すべきであろう。PMの役割は、起こった問題と格闘することではなく、早期に問題を見つけ、変更を注視し、問題の顕在化、すなわちリスクの発生を避けることにある。

「転ばぬ先の杖」という言葉が、このような活動をよく言い表しているかもしれない。

## 賢者は歴史に学ぶ（教訓の活用）

ＰＭを本業とするエンジニアリング企業においては、呼び方は異なるが、例外なく「レコードセンター」という組織を備え、すべての過去のプロジェクトの記録が保管されている。それらは、単に保管されているだけではなく、インデックスが付与され、検索の仕組みをもって保存されている。古くなった記録でも、保管業者に委託され、インデックスを指定すると即日で入手できる仕組みが、現在のようにＩＴ化される以前から整備され、運用されてきた。このような仕組みは、現在ではＩＴ化されていることが多いが、その基本に流れる思想は、過去のプロジェクトの記録がエンジニアリング企業の資産の集大成であるという教えである。

ＰＭＢＯＫにおいても、第三版から「組織のプロセス資産」として、過去の記録やテンプレートなどの保管と活用が明確に位置づけられるようになっている。

「賢者は歴史に学び、愚者は体験に学ぶ」という古言は、ここでも通用している。

## 只（ただ）より高いものはない（ＱＣＤのマネジメント）

「ゴールドプレーティング」という言葉がある。プロジェクトの最終成果物を納める際に、お客を喜ばそうと金めっきのプレートを付けて納品したというのが言葉の起源のようだが、この言葉を、PMの実務家たちは嫌っているという。ただで付くなら別によいではないかと思うかもしれない。しかし、ビジネスの世界に無償の業務はあり得ない。そのコストは、直接的であれ、間接的であれ、必ず何らかの意味でプロジェクトコストに反映されている。前述したように、品質、コスト、納期の関係は、ほかに影響を与えずに一つだけよくすることはできないからだ。プロジェクトにおいては、要求にまさにピッタリと当てはまる最終成果物を得るため、QCDのバランスをステークホルダー全員の協力によって達成するべきである。一人だけ得をしようという発想は、めぐりめぐってプロジェクトの何らかの意味でのオーバーランにつながる。「只より高いものはない」ということを、肝に銘じるべきである。

## 李下に冠を正さず（プロフェッショナルの責任）

近年、プロジェクトやその成果物が世の中に与える影響の大きさが目立つようになってきている。原子力関係の開発プロジェクトや宇宙開発プロジェクト、公共交通プロジェクトなど、国家レベルで進められるプロジェクトは当然としても、銀行のオンラインシステム開発プロジェクトなど、多くの人々が、直接的、間接的に影響を受けるものが増えてきた結果といえる。

このように広範な影響をもつプロジェクトの遂行にあたっては、遂行にあたる責任者、担当者が、それらの影響を自覚し、自組織だけでなく、社会という観点から見ても、公共の福祉に貢献するための業務であるという高い志をもって進める必要があり、それを公共に対し、説明する準備をしておく必要がある。

そのような公共の目は、最近では、日本国内だけが対象ではなく、海外の企業や投資家へと範囲を広げてきている。たとえこれまでの日本の慣行では許されていたとしても、第三者の目から見て不自然な行為は、自粛するような対応がこれからは求められる。

「李下に冠を正さ」なかった古人の知恵を、改めて見直す時代になったのかもしれない。

これまでは少し教訓的な話が続いたが、ここからは「リスク」、「計画」、「品質」、「人」をキーワードにPMの基本を確認したい。

## リスクマネジメントをおろそかにはできない

「転ばぬ先の杖」の項でも示したが、プロジェクトの成功のためには「プロアクティブ」な対応が不可欠である。ここでは、リスクマネジメントをより意識しながら、問題の未然防止について考えてみよう。リスクマネジメントでは、図3・1に示すような活動を行う。

プロジェクトマネジャーの仕事は、起きてしまった問題に対応し解決することではない。

日々起きた問題をつぶしてまわるマネジャーは能力がなく、毎日ほとんどの時間を問題が起きないよう未然防止策の立案と実行に努め、問題を発生させないマネジャーがまさに仕事をしていることになる。

プロジェクトのリスクは発見し管理することで確実に減少し、発見された九〇％のリスクは問題の顕在化を防止できるという。プロジェクトマネジャーはリスクの識別と対応計画を定期的に見直し、コンティンジェンシー（緊急時）の予備リソースをもつ必要がある。プロジェクトの途中段階で、計画どおりの品質、コスト、納期で作業が進んでいる場合でも、プロジェクトの最終的なコストと納期は、残作業についてのリスクマネジメントが行われない限り確定しない。

リスクを識別することは、プロジェクトマネジャーの感覚だけでは駄目である。プロジェクトメンバーからの公式、非公式のレポート、プロジェクトチームの様子な

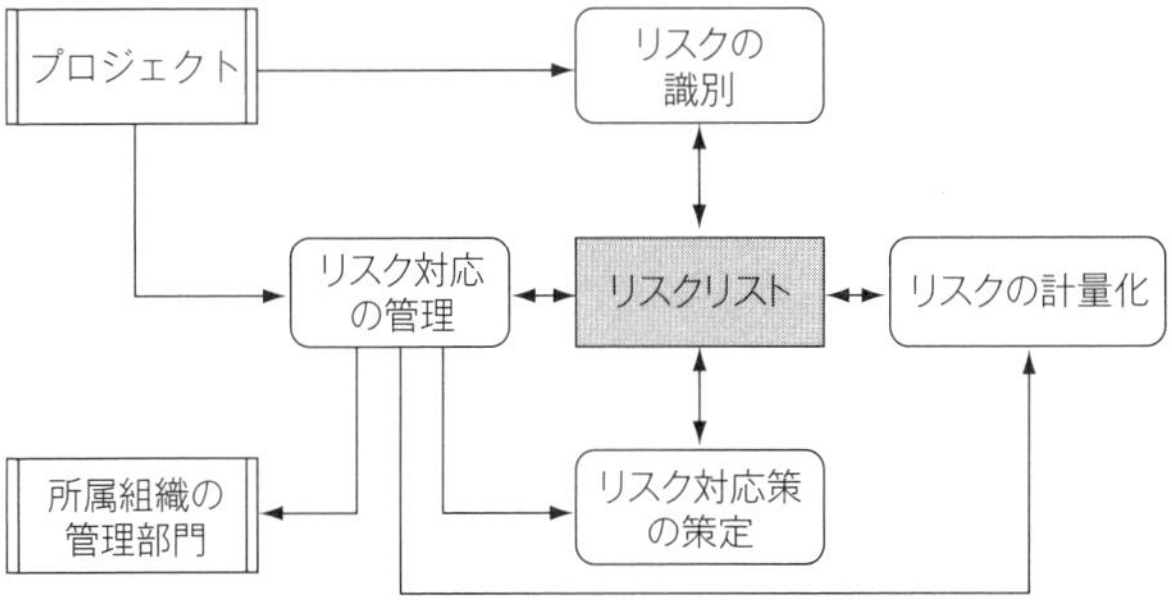


**図 3.1**　リスクマネジメントの仕組み

ども重要な情報となる。また、様々なステークホルダーをプロジェクトに巻き込み、リスクの識別を援助してもらうのはリスクマネジメントに有効な手段となる。

リスクマネジメントは、定期的に管理ツールにデータを入れ、リスク計算をすればよいのではない。プロジェクト内外の情報を様々な手段で集め、リスクとなり得るものを真摯に識別し、影響を評価することが重要なのである。

## プロジェクトは計画とWBSからスタート

すべてのプロジェクトは、マネジメントを計画することから始めなければならない。PM計画は、プロジェクトの関係者全員が実行できると信じ、承認する必要がある。プロジェクトマネジャーは、何をするにもまず実行可能、合意可能な計画を作成することが必要である。PM計画は、プロジェクトに関する知識エリア、例えばスコープ（範囲）、スケジュール、コスト、品質、リソースなどすべてについて事前に策定され、PMはそれに基づいて実行される。

一方で、プロジェクト計画の土台はWBSである（図3・2）。大規模なプロジェクトは当然として、いかに小規模なプロジェクトでも、最初にWBSが作成されなければならない。プロジェクトの計画は、計画されたスコープを作業に分割しWBSを作ることから始まる。

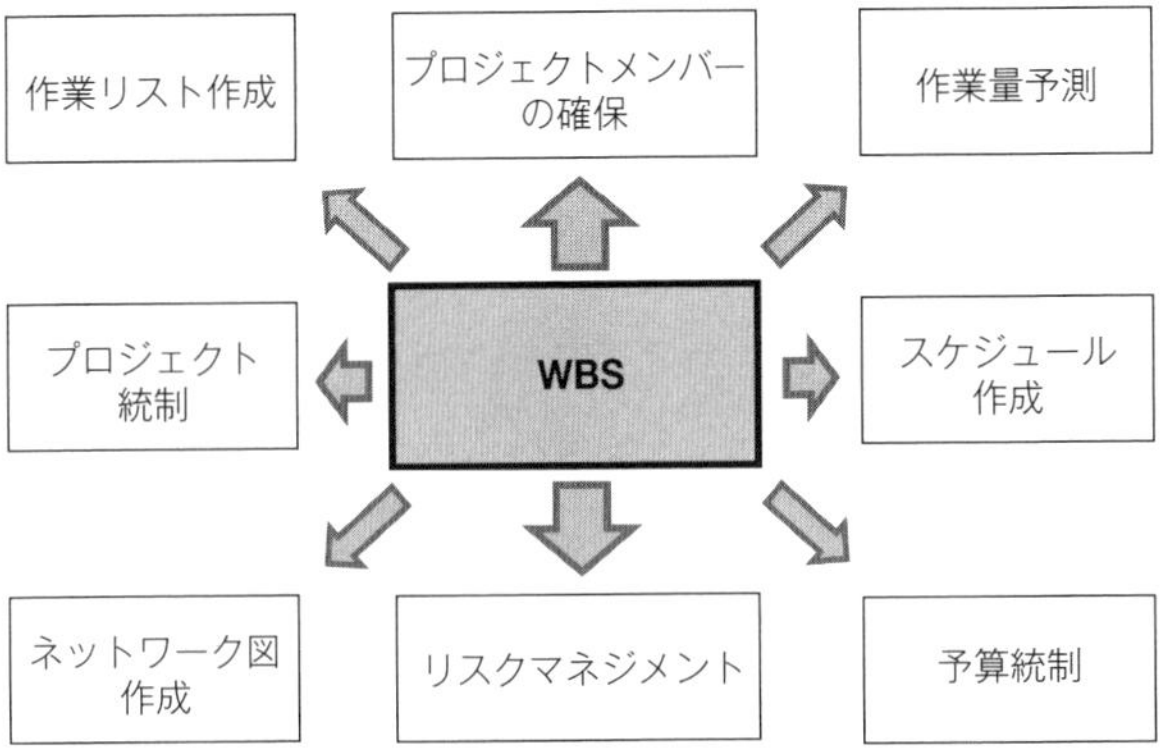


**図 3.2**　WBSがすべてのもととなる

ＷＢＳの最初の階層は、プロジェクトのライフサイクルを示す工程で分割されることが多い。ＷＢＳは段階的に階層化され、最終的に短い期間で、意味ある成果物を確実に完成できる作業単位に分割される。この作業単位はワークパッケージ（ＷＰ）と呼ばれ、現実的に作業量を予測できるものとなる。また、ＷＢＳに分解した作業の実行順序を明確に設定し、なぜその順序で行うかの理由が明確化されていなければならない。

## 品質改善の仕組みがプロジェクトの命

「プロジェクトが成功する」とは、計画されたスケジュールと費用でプロジェクトの成果物が完成されることである。しかし、それだけでは成功の十分条件を満たしていない。プロジェクトとプロジェクト成果物の品質が、計画された水準と同

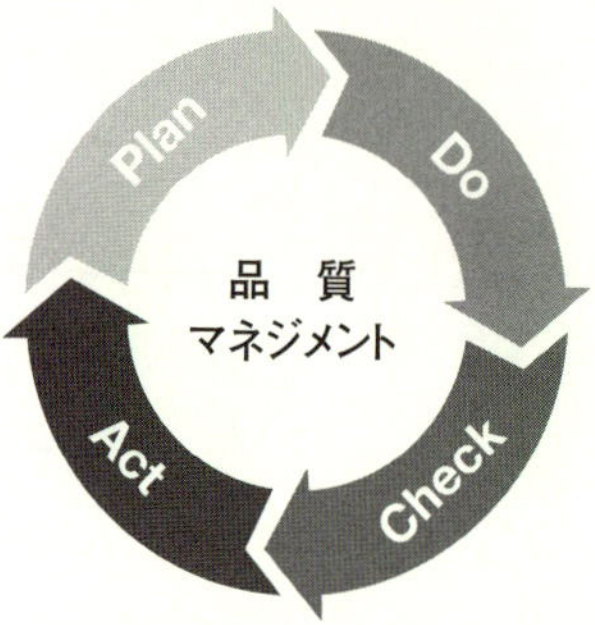


**図 3.3**　品質マネジメントは PDCA に尽きる

等か高い場合に成功したといえるのだ。

プロジェクトマネジャーはプロジェクトの開始以前に、品質に関する計画、すなわちどのような指標で品質をはかるか、その指標がどの水準であれば満足かを定めなければならない。プロジェクトの実施時には、この品質基準が満足されることを確実にし、常時プロジェクトが生み出すアウトプットの品質向上を行う。また、プロジェクト計画には、品質保証の仕組みに加えて継続的な品質向上の仕組みを取り入れることが必要である。プロジェクトの制約条件、すなわちスコープ、納期、費用の制約が変更された場合には、プロジェクトの品質にどう影響するかを最初に考える必要がある。

品質から見たプロジェクトの成功は、プロジェクト自体が計画どおり完成するだけでない。得られた品質向上の施策や仕組みを、他のプロジェクトでも利用できるよう展開し、所属する組織の品質改善の方針、プロセスや、標準をよりよくするよう提言することが必要となる。こうした提言の多くは、所属する組織の経営陣に高く評価され、組織の品質改善プロセスなどの向上に取り入れられる。また、プロジェクトにおけるプロジェクトマネジャーの品質改善業務は、所属する組織の品質マネジメント部門の協力を得て行う、あるいは作業の一部をこの部門が代替して行うことがある。

## プロジェクトメンバーを活かすことが成功への鍵

プロジェクトのスコープに関連する役割と責任はすべて確実に定義され、プロジェクトメンバーに明確に割り当てられなければならない。ここでいう責任とはプロジェクトの実作業に関するものだけではなく、プロジェクトの各種会議に出席するとか、作業報告や記録を作成する、チームメンバーと対話し情報を共有することなども含まれる。プロジェクトマネジャーの仕事のかなりの部分は、プロジェクトメンバーの誰がどの作業を行うかを計画し記録し皆に伝達することである。当然、スコープ、スケジュール、費用などに関する状況に変化が起これば、人的資源の調整や割当ての見直しを継続的に行うことになる。

プロジェクトマネジャーは、プロジェクトメンバーに対する業務の割当てを行うだけではない。業務を通じて、メンバーの資質を評価し、業務訓練によって能力を高めること、メンバーのモチベーションを高める工夫をすることも重要である。プロジェクト計画の段階で、メンバーの能力、モチベーション向上を考慮した報酬体系を考えることも必要である。

プロジェクトとは、限られたスケジュールと費用の範囲で目的の成果物を作り出す、繰返しが効かないものである。モダンPMは、プロジェクトが抱える様々な難しい課題に、合理的、計量的、予測・計画先行的な考え方と、継続的なプロセス改善の手法で立ち向かう。

そのために、プロジェクトのすべての局面で記録や計測データをとり、それをベースに計画やWBSの作成、作業進捗の把握、問題点やリスクの発見を行う。これまで数十年のPMの歴史と経験から、様々なマネジメント手法とそれを確実に実施するツール（特にシステム化されたツール）も整備されている。今日のプロジェクトマネジャーは、自分のプロジェクトに実績のある各種の手法を、ツールを用いて容易に適用することができる。

どのような分野でもいえることだが、プロジェクトマネジャーが手法やツールを使いこなすのは素晴らしい。しかし、手法やツールの根本思想を十分に理解せず、ただ形式的に利用するだけでは、思いもよらぬ大問題や失敗が発生することも考えられる。

プロジェクトマネジャーは自分のプロジェクトに対して権威と権力をもつ存在であり、プロジェクトの成功のためには、誰に対しても「ノー」を言える立場である。プロジェクトマネジャーは、モダンPMの知識とノウハウを確実に利用すると同時に、自分の目と耳で感じ、マネジメントや問題の本質を把握し、自らの経験に基づいた判断とプロジェクト運営を行うことが重要である。

# 第四章 失敗事例に学ぶ

PMは、狭い意味では単一の現場のマネジメント技術である。しかし、その成功の確率向上は、複数の「過去プロジェクトの教訓」に支えられていることはいうまでもない。

本章では、いくつかの失敗事例を示し、そこからプロジェクト成功の教訓を学ぶ。

## 事例1　契約は自らを守るものであるという認識を徹底せよ

A社では、ユーザー企業であるB社からの個別開発案件を受注した。A社では、既存製品にB社の要求を取り込むべく開発を進めていた。しかし、B社からの要求追加の歯止めが利かず、製品の機能の拡大や規模が契約した納期、コストを大きく逸脱するほどになってしまった。結果として、プロジェクトの収束に大きな混乱をきたし、A社はB社の信頼を失うとともに、A社自身にも大きな損失が発生した。

そもそもA社は既存製品をB社に納品しようとしていたが、B社から「機能不足」の指摘があった。そこで、先に示したようなB社の提案を取り込む方針を採用し、開発量の上限を明示することでB社と合意した。しかし、契約時になると、B社から「上限に関する記述の削除」が要請された。相当の検討がなされたが、契約優先との判断からB社の削除依頼を受け入れ、プロジェクトが開始された。

プロジェクトを開始してみると、B社の要求仕様が一向に固まらない。しかも、提案時にはなかった新たな要求が次々に出された。開発範囲・規模の見通しが立たず、それによってA社とB社双方のストレス増大に結びつき、典型的な失敗プロジェクトへの道を歩み出すことになってしまったのである。

＊

この失敗プロジェクトの始まりは、B社から開発量の「上限に関する削除」を受け入れたことにあるのは明確だ。A社ではB社の要求を取り入れ、ユーザー要求を反映した次期製品の開発を並行して行おうとしていた。B社からの「機能不足」の指摘を受け入れることは、A社の次期製品開発戦略の面でも悪い話ではなかったのである。しかし、結果としてはプロジェクト失敗の典型例に陥ってしまった。

これは、パッケージソフトウェアの導入現場で実際に発生した事例である。A社では契約にあたり、開発上限を一〇〇Kステップに定め、B社との事前合意も取り付けていた。このことは、既存パッケージを別言語で再開発する必要があり、B社の要求がA社の新パッケージソフトウェアに取り込むべき機能であったことなどから、A社の「都合」にも合致していたのである。ここまでの展開は、A社とB社のWin-Winの関係を予想させたが、契約時点でのB社からの開発上限の削除要求が出されたことで雲行きが怪しくなる。さらに、Ａ社が「契約優先」と判断し、Ｂ社の提案を受け入れたことで様相が一変する。その開発の範囲はＡ社のもくろみからは大きく外れ、Ｂ社の独自の仕様までをも次々に取り込む結果となったのである。結果的に、「パッケージ適用の開発」（既存ソフトウェアを出発点とした開発）であったはずのものが、「スクラッチ開発」（ゼロからの開発）のプロジェクトになってしまった。

これでは、計画したＱＣＤ（品質、コスト、納期）を守れるはずがない。しかし、この手のことは、パッケージソフトウェアの導入に限らず、よくある話である。ＰＭを適用する以上、絶対避けて通りたい失敗であるとともに、避けるのが難しい失敗でもある。

そもそも、日本の企業には契約の意識が希薄な面がある。契約書はあっても、そこに必要十分な記述がないことも多い。海外のそれと比較して、「義理人情」による契約といわれるゆえんである。現在では、企業の調達範囲は広がり、調達の結果を用いたビジネスのスピードも速くなっている。日本型の「義理人情」が一概に悪いとはいわないが、契約のエッジをぼかすことが、供給側と発注側の双方の利益を作り出すことにつながるか否か、供給側の責任を果たし、発注者からの継続的な発注を受けるに足る信用を創成することにつながるか否かを十分に見極めなければならない。

「作れる」ということと「やれる」ということは、同一線上にある別の課題である。

「作れる」ということは広い意味での技術力に関係し、「やれる」ということはPM力に関係する。これらは、従属関係にあることを意識しながらも、独立に議論されるべき性格のものである。すなわち、PMは「約束する技術」なのである。顧客との約束を守り、自社の利益も守る。PMは、モノとサービスの創造の場で双方の利益を守る技術である。そこには、供給者と発注者との正しい契約、すなわち正しい約束と役割分担が存在すべきことは明白なことだ。

このプロジェクトの担当者は、後に次のような述懐を行っている。

> ・製品に取り込むべき共通部分とユーザープログラムとしてのアドオン部分を区別して開発を進めるべきであった。共通部分は、アドオン部分として開発したうえで、開発後に買い取るべきであった。
> ・顧客の要求仕様が増加しないように、開発規模の制約条件を必ず明記するべきであった。

担当者の第一の述懐は、PMの現場で「注意すべきところ」ではあるが、「心配すべきところ」ではない。このようなことは、受注案件の審査として、経営層の意思決定によって決められなければならないし、それ以前にプロジェクトの受け入れ基準として、組織の答えを整備しておくべきことである。

第二の述懐は、プロジェクトの現場で行うべき基本事項の一つである。このプロジェクトではスコープ（範囲）を明確にし、顧客との間で合意を形成することが必要であった。初期のスコープを定めるためにはＳＯＷ（Statement of Work＝作業範囲記述書）を作成する。何を作るのかの記述だけではＳＯＷを記述したことにはならない。そこにはプロジェクトの場で行うおよそすべてのことを記述し、顧客との合意を得なければならない。

この事例では「契約」を優先してしまった。これでは、制限時間も閉店時間もない食べ放題の店と同じである。そのようなものは、世の中にあるはずもない。人の胃袋には限界があるが、組織の胃袋の限界は人のそれよりもはるかに大きい。

プロジェクトの成功のためには、受注契約そのものも戦略的であってほしい。戦略的であることとは、プロジェクトの成功が個人ではなく、企業によって保証されることである。供給者は、顧客の要求を聞き、プロジェクトの範囲を決めなければならない。もちろん、プロジェクトには「段階的詳細化」という性質が存在しているから、プロジェクトの初期段階においてすべてを決めることができるケースはまれであろう。それでも、わかっているところと、これから後に決めなければならないところを仕分けする。わかっているところについてはできる限りそのボリュームを推定し、これから後に決めなければならないところはいつまでに決めなければならないか、その現時点での予測されるボリュームはどれだけなのかを決めなければならない。そして、この受注契約の内容は、具体的、定量的にプロジェクトの成功に責任をもつべき関係者の間で合意されなければならないのである。

「何でもやります」では、プロジェクトの計画は立たない。計画が立たないどころか、成功も不成功も、その尺度は「最後にお客様が笑ってくれたかどうか」でしかない。

本事例でA社がB社と合意に至った、「開発は一〇〇Kステップまで」という開発上限の設定はよい手続きである。最近では、ファンクションポイントなどを使うことも多くなっているが、計画時点で開発すべき機能とそのボリュームについて合意を得て、それを顧客側が果たすべきプロジェクトでの役割とともに、契約書に盛り込むべきである。このことによって、この種のプロジェクトにいつもついて回る、現前するオーバーワークが、供給側の責に帰する「要求定義の不良」なのか、顧客の責に帰する「追加要求」なのかといった議論に解決の端緒を与える。

プロジェクトの契約方式は、国ごとの事情や習慣もあって様々である。その中でも、諸外国では一般的であっても、日本ではあまり用いられない契約方式に「インセンティブ契約」が存在する。インセンティブ契約の手続きには「誘因報酬」(incentive fee)や「賞与報酬」(award fee)などがある。簡単にいえば、きちんと仕事をすれば、又はうまくやれば、報奨金を与えようということだ。これは、優秀なプロジェクトの成果物(deliverable)がもたらす付加価値に対する報酬が与えられるということ、すなわち供給側企業の努力が評価されるという点で興味深い。

ＰＭ導入の価値の一つは、契約方式の時代の要求に即した改善である。プロジェクトの発注者が供給側企業に望むことの第一位は、往々にして「納期厳守」である。もちろん、「納期厳守」には「コスト厳守は当たり前」がついてくる。品質は、もっとずっと前から「当たり前」である。昨今、顧客はプロジェクトの顧客側の目的を明確にし、その価値を十分値踏みしてから発注してくる。このような時代に、「何でもやります」、「お客様は神様です」方式の仕事の進め方ははやらない。お客様の利益はもちろん、自社の利益を守るためにも、現実的な契約方式の導入が求められている。

## 事例２　遅延回復のための安易な判断は更なる状況悪化を招く

C社はD社から個別案件を受注したが、製造工程が予定期間に比べ大幅に延びたため、製品の出荷前性能評価を十分に行わないままでD社に引き渡した。C社はD社内でのテストを行い軽微な修正を行うことで乗り切れると見込んでいたが、実際には出荷前性能評価の際に検出できなかった問題が次々と顕在化し、障害対応に多くの時間をとられるとともに、膨大な手戻り作業が発生してしまった。

＊

これも、ありがちなプロジェクトの失敗事例である。

この失敗には、次のような背景が存在した。

C社内部では、D社案件の開発遅延が問題とされていた。この状況に対して、C社はD社への説明、合意の獲得なしにリスケジュールを行い、製造工程の期間短縮でプロジェクトの全体期間の計画に対する整合を確保しようとした。しかしながら、製造工程の遅延に対する重ねてのリスケジュールを実施しなかったことから、出荷前性能評価にあてる期間を予定どおりには確保できなくなっていた。

そこで、出荷前性能評価については主要部分のみ行うことで、C社内の意思決定が行われた。幸いにも、主要箇所の性能評価には問題が発生しなかったため、出荷前性能評価を終了してよいものと判断した。実際には、C社の計画したテスト工程は、出荷前に続き、ユーザーであるD社内での運用試験も計画していたので、ここでテスト不足をカバーできるものと考えたのである。

果たして、D社内でのテスト工程に入ると、主要部分以外で重要な問題が顕在化し、プロジェクト失敗に向けた歯車が回り始めてしまった。

この失敗の直接の原因は、出荷前性能評価に必要な時間を確保せず、十分な評価を行っていないにもかかわらず、次工程に移ったことにある。プロジェクトの遅延によって、出荷前性能評価に十分な評価期間を確保できなかったが、納期を遅らせるなどの手を打たず、評価期間を短縮したことによる遅延回復のために出荷前性能評価をおろそかにしてしまった。製造工程の期間短縮などのリスケジュールは、顧客であるD社に提示し合意を得たものではなかった。製造工程は顧客であるD社には見えない部分、すなわちC社内での「何とかできる」工程管理に関するものという意識が先に立った。当初計画どおりのテストを実施しようとすると、プロジェクト全体のスケジュールを変更しなければならない。そうすると、顧客であるD社との交渉が必要になる。何とかテスト工程を遅らせずにカバーしたいという意識がC社内にはあった。また、出荷前性能評価の重要性に対する意識が低かったことも事実だ。出荷前性能評価の期間短縮が、プロジェクトの成否にどのように影響するか、十分に認識していなかったのである。

このプロジェクトの担当者は、後に次のような述懐を行っている。

・遅延回復のために作業時間の短縮や一部作業の省略を行う場合には、社内の上級プロジェクトマネジャーや有識者を交えた検討が必要であった。特に、当該作業を行うことのリスクをどのように考えるかについての検討が不足していた。場合によっては、自社の経営層や顧客も交えて納期の延伸を検討することも必要だった。

・検収が十分に実施し切れない場合は、稼働前レビューで不具合発生時の対応条件を明確にしたうえで、顧客に納品すべきであった。

この述懐には、様々なＰＭの課題が凝縮されている。この事例の課題は、ＰＭのどの部分が欠落して発生したというのだろうか。変更マネジメント（change management）、リスクマネジメント、品質マネジメント、コミュニケーションマネジメント。大きく見ても実に多くの領域に課題が散見される。プロジェクトの計画を変更してはいけないということはない。むしろ、変更の必要性を絶えず探り、必要となれば積極的に変更すべきである。ただし、発生した問題や課題に対して、それを認識する仕組み、影響を評価する仕組み、対応する仕組みを、組織として整備しておかなければならない。これを、「リスクマネジメントを計画する」という。発生した問題や課題への対応がプロジェクト計画を変更することであれば、あらかじめ定められた変更マネジメントの方法に従って手続きを進めていく。変更によって、やるべき作業が変化する。増えたり、厳しくなる作業もあれば、減ったり、楽になる作業もある。作業が増えたり、厳しくなったりすれば、そこには新たなリスクの芽が出る。一方で、減ったり、楽になったりすれば、潜んでいたリスクの芽が消滅することもある。リスクの芽が消滅したからと安心してはいけない。プロジェクトチームの経験やリスク対応に向けた準備などがなくなることで、新たなリスクに出会うことになるかもしれない。プロジェクトには、その創成時点から独自性が存在する。プロジェクトであるための基本性質だ。全く同一の過程の繰返しではないということだ。そして、プロジェクトの過程において変更が発生する。プロジェクトのゴールにたどり着くことがプロジェクトの使命であるから、プロジェクトの環境や状況の変化に応じた変更は必須の手続きとなる。したがって、プロジェクトリスクマネジメントはダイナミックな活動を期待される。

様々な変化に対する迅速な行動を行うためには、組織による手続きの整備が必要である。現場でその都度考えていたのでは対応が後手に回るし、どうしても甘えが出る。自らが参画し、大切に思うプロジェクトが当初計画どおりにいかなくなるようなリスクを積極的に第三者に示し、失敗を思わせるような変更を意思決定することは当事者には難しい。だから、組織が決めた仕組みが必要だし、あらかじめ定められたリスクレベルに従ったプロジェクトチーム外の関係者への報告、相談、場合によっては、これらの者による審査の受け入れも必要な手続きである。

プロジェクトチームの内部ではもちろんのこと、あらかじめ定められたプロジェクトチーム外の関係者に報告、相談することは、コミュニケーションマネジメントの領分である。いつ、何を、誰に、どのように報告、相談すべきかについて、あらかじめ定めておかなければならない。人間誰しも不具合を話したくないし、何とか自分で解決してやろうと思う。しかし、その一般的な行動、一人や限られた人間の行動が、プロジェクト全体を失敗へと引き込んでしまった例は枚挙に暇がない。「できない」、「無理だ」ということを適切に報告することは、決して弱音を吐くことでもなければ、悪い意味での評価や処分につながるものでもなく、プロジェクトの成功に貢献するものであることを組織として確認し、報告を受け入れ、対応する仕組みを確立すべきである。

プロジェクトチーム外の第三者には、顧客、すなわちプロジェクトの結果の取得者も当然含まれる。プロジェクトの利害関係者をステークホルダーと呼んでいる。このステークホルダーをいかに管理するかは、PMにとって大きな関心の一つである。プロジェクトの結果の取得者である顧客は、供給者と利害を完全に近い形で共有する存在である。一方で、供給者から見ればオーナーとしての存在であるから、そこには利害の対立が存在する。顧客が平時にもプロジェクトに参画しているケースも多く存在するが、単なる情報提供者としてプロジェクトに参画し、後は検収の役回りしかないケースも少なくない。

PMは「約束する技術」であるとともに、「見せる技術」でもある。これまでには作っていなかったような大量の書類を作るのは、情報の適切かつ確実な共有のためである。PMでは必須のツールとなっているEVM（Earned Value Management）も、本来は供給者が顧客に対してプロジェクトの状況を見せる技術である。顧客は、EVMによるプロジェクトの進捗状況とその他の情報を知ることで、プロジェクトの継続の可否(go/hold/no go）を判断する。供給者側も同様である。だから、適切なPMの下では、納期直前になって「できていません」、「ごめんなさい」ということは起こり得ないことになる。それ以前に計画の達成可能性は共有されていなければならないし、達成可能性に影響があるような重大な変更の実施やリスクの存在については、顧客と供給者との間で合意されていなければならない。このような視点からいえば、本事例の出荷前性能評価のテスト項目の削減と、そこにあったはずのリスクの顧客側へのもち込みが事前の情報共有と合意を得ないまま行われたことは、正しい手続きとはいえない。レビューに対する認識も適切ではなかった。特にフェーズ間のレビューは重要である。レビュー直前のフェーズでは何らかの中間成果物（output）が出来上がっているはずであるから、あらかじめ定められた基準に従って中間成果物の品質を確かめることが必要である。当然、基準を満たしていなければ次のフェーズに進んではいけない。品質保証の観点からも、プロジェクト創成母体の品質方針や顧客との契約に示された品質基準を厳格に守るべきである。

本事例のように計画を変更するのであれば、手続きに慎重でなければならない。特に最終の成果物やプロジェクト計画に影響が出ることが予見されるのであれば、顧客との情報共有、合意の形成は必須である。

フェーズ間のレビューでは、直前フェーズから次のフェーズへの情報の引渡しも重要となる。直前のフェーズで起きたこと、解決できたこと、解決できなかったことなど、引き継ぐべき情報は多数あることだろう。ＰＭの視点から起きたこと、解決できたこと、できなかったことは予想どおりだったのか、すなわちリスクマネジメントの通常の範囲に収まることであったのかも気になる。当該フェーズで発生したリスクが予想の範囲内であって、計画どおりに解決されているのであれば、このプロジェクトのリスクマネジメントは正しく計画され、運用されていることがわかる。一方で、予期しないリスクが発生したり、計画どおりに解決されなかったりすると、次フェーズ以降のリスクの予測に心配なところが出てくる。このようなことを含めて、フェーズ間のレビューでは、プロジェクトの成功に向けた多くの「教訓」を、次フェーズに引き継いでいく必要がある。

## 事例3　業務スコープ・分担は無理なく漏れなく潜在的リスクはないか

E社は、家電メーカーであるF社の遊休地を活用してホテルを建設することを請け負った。その目的は、F社の資産運用を有効に進めることである。計画は順調に進んでいたが、基本的な設計が完了しようとする段階になって、F社はE社に対して客室の平面計画の大きな見直しが必要であることを通知してきた。この段階になっての大幅変更は、プロジェクトの進捗に大きな影響を与えるものだ。請負業者であるE社の痛手はもちろんのこと、依頼主であるF社の利益計画にも大きな影響を与えかねない重大な事態となった。

＊

このプロジェクトの背景を、更に探ってみよう。

このプロジェクトでは、ホテルの運用による収益の最大化を図ることが最優先の目的とされていた。このため、土地の法制度などの制約を整理して、最大の容積が得られる形状をとることで設計が進められた。建築主であるF社は、設計概要が確認できる段階になって、実際のホテルのオペレーションを委託するパートナーの設定を開始した。F社がG社を選定し、資産区分や費用負担、業務区分・範囲を詰め、契約を交わすことができる状態になったときには、ホテルの設計も予定どおりに進んで、基本的な設計が完了しようとしている段階になっていた。

この段階になって、ホテルのオペレーションを請け負うG社の担当が設計打合せに同席するようになった。G社がオペレーションの立場で意見を出すようになると、従来は問題にされなかった部分が、問題とされるようになった。

このホテルは、請負元のE社が、依頼主であるF社の「収益の最大化を目的とする」ことを受けて、「最大の容積が得られること」を設計の基本として合意してプロジェクトを進めてきた。

一方、G社の主張はこれと異なっていた。G社は、十分な客室数と個々の客室の大きさについては満足のいく内容であると高評価を示した。しかしながら、最大の容積が得られる形状をとることを最優先に設計を進めたため、客室のタイプ数が非常に多くなり、また、客室サービスを行いにくい形状となっていることを、オペレーション上の容認しにくい問題として指摘してきた。

この課題を解決するために、基本的な設計内容の大きな見直しという設計作業の手戻りが発生することとなってしまった。目的を明確にし、その方針に従って、着々とプロジェクトが進められていた。しかし、その場にはホテルオペレーションの専門家が不在であった。これが、リスクという形でプロジェクトの円滑な進行の妨げになったのである。F社から建設を請け負ったE社は、設計をホテルの設計実績が豊富な外部設計事務所であるH社に依頼していた。H社のデザインは斬新で、必ず集客につながるものとの信頼もあった。F社の担当者は、ホテルオペレーションの専門家が不在であることに気づいていたが、その不在期間をH社は十分に穴埋めできるものと信頼していた。そこに油断があったのだ。

このプロジェクトの担当者は、後に次のような述懐を行っている。

・F社は家電メーカーである。ホテルの建設はもとより、オペレーションについては全く未経験であることへの配慮が欠けていた。ホテルオペレーションの専門家やコンサルタントを起用してリスクの軽減を図るべきであった。

・外部設計事務所であるH社に対して、ホテルオペレーションにかかわる考え方、関与の仕方などに関する具体的な説明を求めるべきであった。そのうえで、関与しきれない部分の補完方法を提案させるべきであった。

顧客であるF社は、ホテルの建設、その後の運用について、どの程度の知識をもってプロジェクトに関与すべきであったのだろうか。また、請負の主体となったE社がホテル経営に関して未経験であることに、どこまで配慮すればよかったのだろうか。

最近では、プロジェクトの発注にあたり、顧客がRFP（Request for Proposal＝提案依頼書）を発行し、発注候補先に対してプロジェクトの内容を明示することも多くなってきている。RFPを作成しようとなると、発注内容について詳細な分析を行わなければならないので、顧客側で専門職員を置いたり、コンサルタントを雇ったりしながら、多くの時間をかけた検討を行う。受注側は、RFPと独自のヒアリングによって、プロジェクトの計画を立てていく。

この際に、主要なステークホルダーの一つである顧客の分析を行うことは、プロジェクトの計画を立てるうえで大変重要なことである。顧客はどの程度の業務知識をもっているのか、顧客側の真のステークホルダーは誰か、顧客はどの程度の質とボリュームでプロジェクトに関与可能なのか等を詳細に分析する必要がある。

この事例の場合、F社が家電メーカーであろうが何だろうが関係ない。家電メーカーであっても、不動産の運用やホテル等の運用に詳しい部門・人がいても一向に不思議ではない。このプロジェクトに関与する人に、該当者がいるか否かなのである。関与する人の中に有識者がいなくても、受注側であるE社が責任をもったアドバイスができればよいのである。

E社にも、F社にも、当該プロジェクトの内容に関する業務知識のある人がいなければ、外部から調達すればよい。それでもダメだというのであれば、E社にはこのプロジェクトの受注を断念するという選択肢も残されている。

受注するか否か。「受注審査」などという言い方もするが、組織としての最初の意思決定でもあり、リスクマネジメント活動である。

この事例には、PMの視点から、二つの大きな問題がある。

一つ目は、ステークホルダーマネジメントの不在である。このプロジェクトでは受発注の当事者であるE社、F社に加え、ホテルオペレーションの専門会社であるG社、外部設計業者のH社も、重要なステークホルダーである。これらのすべてが、プロジェクトの成否を握っている。すなわち、何らかのリスク要因となる可能性を含んでいるのである。だから、第一にステークホルダーの存在をきちんと、漏れなく認識する必要がある。第二には、これらをしっかりコントロールするための計画が必要であり、続けて現場で適切にコントロールする監視と対応が必要である。これらの活動は、もちろん受注者であるＥ社が行うべきことである。この事例では、ステークホルダーの存在確認が適切に行われていない。ステークホルダーの役割や、ステークホルダーの活動によって起きるリスクのマネジメントができていない。業務分野にかかわらず存在する、基本的なリスク対応ができていなかったのである。

二つ目は、未決定事項の管理が不在であったことだ。ホテルオペレーションの専門会社を選定していたのはＦ社である。Ｆ社の選定作業はいつまでに完了すべきか、いつまでに完了しなければプロジェクトの全体スケジュールに問題が発生するのか、といったことはＥ社が適切にＦ社にアドバイスしなければならない。Ｇ社の出現が、設計に大きな影響を及ぼす可能性があることをリスクとして認識していたならばなおさらである。場合によっては、ホテルオペレーションの専門会社の選定期日を契約書に記入してもよいくらいである。

このプロジェクトの真のステークホルダーは、ホテルオペレーションの専門会社であるＧ社であった。Ｇ社は、単なるＦ社の依頼先でしかない。多くのプロジェクトで、真のステークホルダーは伏兵である。表に出て、プロジェクトに強く関与している者の裏に隠れている。菓子の新製品開発であれば実際に菓子を食べる子供であるだろうし、スーパーなどの端末装置の開発であれば支店の店長だったりレジ係だったりする。

某大手チェーン店のPOS端末は実に評判が悪かった。カットオーバー（新システムの稼働開始）後の改修に実に三年を要した。開発会社とチェーン店本部の情報システム開発担当者の間では会心の出来だった。しかし、これを全国の支店に設置した途端に、本部の電話は鳴りやまなくなってしまったのである。これまでできた、店ごとの値引きや特売の処理ができなかったのである。伏兵は本部ではなく、末端の支店にいたのであった。

## 事例4　計画性のない精神論のPM

I社は、得意先であるJ社から、ショッピングセンターの建設を請け負った。詳細な設計内容の決定が大幅に遅れるなど、非常に厳しいプロジェクトであった。それでもようやく天井の仕上げ工事も終わりに近づき、契約どおりに工事を完了できる目途が現場で共有され始めていた。そのような中で、事件は起きた。フォークリフトによる運搬作業に前方不注意があった。完了にこぎつけつつあった天井の仕上げ部分に衝突してしまったのである。すべてを組み直す必要のある事故であった。この事故の対象物である天井の仕上げのやり直しの費用は、工事保険で補填することができた。しかし、ただでさえぎりぎりであった工事期間を取り戻すことは当然できない。結果として、ショッピングセンターの開店が一か月も遅れる事態を引き起こしてしまった。

＊

この失敗の原因はどこにあるのだろうか。背景を探ってみよう。

建築主のＪ社は、近年、同種の郊外型のショッピングセンターを多く手掛け、業界最大手の位置づけを得ていた。また、工事を担当したＩ社も、Ｊ社からの発注でいくつかの同種のショッピングセンターを問題なく完成させている実績があった。

Ｊ社は内装の詳細な設計内容を決めていくうえで、最新のマーケットのトレンドなどをぎりぎりまで追い求めて決めるということにこだわっていた。結果、設計に影響のある事項の決定に遅れが生じることは当たり前となっていた。Ｉ社もそのことは十分理解をしており、遅れに対しては寛容であり、過去の経験からの「やれる」という自信から「お任せください」という立場を崩さなかった。

しかしながら、今回はこれまでとは少し違っていた。景気の低迷も影響し、いつも以上に慎重にマーケットの情勢の分析を行うあまりに、J社の設計決定の遅れはI社の許容範囲を超えるほどにまでなっていた。それでも、I社は「お任せください」、「なんとかします」という姿勢を崩さず、想定以上の突貫工事を余議なくされたのである。

景気の低迷は労務事情にも影響しており、優良な工事の直接の担い手である職人を安易に短期間で集めることが難しくなっていた。

プロジェクトは、I社、J社双方の状況理解が不正確なまま、特に設計遅延の問題の重大さ、対応策の共有がなされないままに進んでいった。いずれもが、環境の変化を意識した体制を組むことができなかったのである。「いつもどおり」という双方の安易な認識と、「お任せください」という合理性に欠く、具体的な計画性のない課題への取組みが、様々なリスクの発生をもたらした。

特に、不慣れな人材、焦りのある現場は、本事例の「フォークリフト事故」を引き起こす、必然の温床となっていたのである。

このプロジェクトの担当者は、後に次のような述懐を行っている。

・工程回復のための具体的な計画を共有しながら、設計内容を決定する期限の管理ができなかったものか。

・様々なリスクを整理し、最悪のケースを共有することはできなかったものか。

リスクを考えるときに現象を追ってはいけない。原因を追うべきである。その意味で、このプロジェクトの担当者の述懐は正しい。

フォークリフトの事故が起きた。その結果、内装のやり直しが必要となり、一か月もの開店延期を余儀なくされた。これらはいずれも「現象」である。一番安易な結末は、このフォークリフトの運転者に何らかの責任をとらせることである。担当のプロジェクトマネジャーは、この運転者をどなりつけ、現場の監督者を罵倒したかもしれない。

感情をもつ「人」としては、仕方がないことだろう。しかし、この行為は何の遺産も残さない。この後に同様の事故を起こさないこと、結果として重大なリスクを避け、プロジェクトの成功確率を上げることに、何も資していないのである。

このプロジェクトの失敗の本質的な原因は、「急ぎすぎた」ことにある。リスクの大きいプロジェクトは、ＰＭ力で乗り切れる。しかし、実行不可能なプロジェクトは、ＰＭでは乗り越えられない。本事例は、実行可能と実行不可能のちょうど真ん中を通り抜けようとしていたようである。

ＰＭが計画し守ろうとしていることの中で、ＱＣＤ、すなわち品質、コスト、納期の三つの要素は互いに従属関係にあるといわれている。例えば、品質をよくしようとすれば、コスト又は納期のどちらか、若しくはその両方が犠牲となる。本事例のように、無理な納期を守ろうとすると、品質又はコストのいずれかが犠牲になる。しかし、本事例の環境は「景気後退」という不遇に接し、どんどん納期に対して厳しい状況を作り出す一方で、短期間に高品質な仕事を行うという、品質とコストの犠牲をも受け付けなかった。よい人材の確保もかなわず、多数の人材の確保も難しかった。結果として、フォークリフトの事故を起こしてしまったのである。

関連事項として、「ブルックスの法則」を紹介しておこう。ブルックスの法則はFrederick Phillips Brooks, Jr. によって提唱された。「遅れているプロジェクトへの要員追加は更なる遅延を引き起こす」というソフトウェア開発に関する経験則である。道理は簡単で、進行中のプロジェクトに人を追加しても、そのプロジェクトの情報を十分に獲得し、能動的に参画できるようになるためには時間がかかり、その間の損失も大きいことを示している。たとえ最初から人数を増やすことができたとしても、一定サイズ以上の大きなチームでは、コミュニケーションパスの数が多くなり、人数相当のチームパフォーマンスは出ないことになる。

プロジェクトは仕組みで勝つ。すなわち、よく整備された組織、ＰＭの仕組みの整備が、現場の個人を助け、プロジェクトを成功に導く。
しかし、忘れてならないのは、プロジェクトの実施者は、個人の集合であるプロジェクトチームであるということだ。このチームがきちんと活動できるように、ＱＣＤのバランスを得たプロジェクト計画とリスク対応が必要である。そして、チームが疲弊し、助けを求めているときには、何を与えるべきなのか。十分に考察が必要だ。

## この章のまとめに代えて

「デスマーチプロジェクト」という言葉がある。「死の行進」プロジェクト、「死の行軍」プロジェクトと訳される、語感のおそろしい言葉である。これは、ソフトウェア開発コンサルタントのヨードン（E.N. Yourdon）が広めたとされている。到底達成できない計画や制約条件の下で行われるプロジェクトを指す言葉だ。

プロジェクトは「実行可能」、「達成可能」な状態で実施されなければならない。その可否は、ＰＭ力、組織の整備状況、そしてチームを構成する個人の力量によって変わってくる。同じプロジェクトにおいて、すべてのチームがゴールにたどり着けるわけではなく、また、困難かつ不可能といわれるプロジェクトがすべてのチームで達成不可能かもわからない。

プロジェクトの性格、取り巻く環境、組織の力、チームの力を総合して、プロジェクトの受け入れの可否が決定されなければならない。冒頭の「デスマーチプロジェクト」はあってはならないのだ。しかし、多くのデスマーチプロジェクトが今も進行している。

「できないのにやれるという」ことと、「できないことを明らかにして、顧客と共に考える」こと。どちらが現在のビジネスにマッチしているだろうか。

PMは、「約束をする技術」である。すなわち、やる内容を見える化して、やれることを組織と個人で示すことである。一方で、やれないことはやれないときちんという。逃げではない。「お客様の利益」を考えてやれないのだ。ここをはっきりいわなければならない。

さて、これまでは「うまくいかないプロジェクト」を見てきたが、最後に大失敗プロジェクトが一気に立ち直ってきた事例を紹介しよう。

## 事例5　ほころびを繕うことで失敗プロジェクトを回避

某大型ＩＴ機器の新規開発プロジェクトの事例である。請け負ったK社には、実は大型プロジェクトの経験がなかった。複数の名立たる企業を束ね、ＰＭを実践していかなければならない。三年にわたる、まさにデスマーチだった。プロジェクトも終盤に差し掛かると、有名企業から腕利きのテストの専門家がなだれ込んでくる。表面は冷静を装っていても、末端が崩れ始めた。生産性が落ちているなんて、生やさしいものではなかった。テストケースを作ったり、不具合の出たモジュールを修正したりしている「派遣組」が最初に根をあげた。どうしても立場の弱い派遣組は、どんどん押し寄せる仕事の山に手の打ちようがなくなっていた。病気になる者、帰りの電車の中で倒れる者も出始めた。どんよりした絶望感がプロジェクトチーム全体に広がり始めていた。

ここで、K社は「プロジェクトマネジャーを代える」という英断に出た。しかも、現在のプロジェクトマネジャーとは全く違う、社内では無名の人材をあてた。反対の声もあったが、ここは勝負だった。これが大英断となった。

彼はわかりやすいほどに前任者と違っていた。彼が着任早々に向かったのは、例の「派遣部屋」だった。扉を開けると、まさにそこは野戦病院だった。寒い日が続いていた。風邪を引いているものも多くいた。それぞれの端末の横には、厚手のオーバーが丸められていた。新プロジェクトマネジャーは、「コート掛け」を発注した。その日の午後には、コート掛けが納品され、次の日には「派遣部屋」の生産性が回復した。

「派遣部屋」のメンバーは、トップのプロジェクトマネジャーが自分たちに気を掛けてくれたこと、それがコート掛けという形で具体化されたことに感動したのである。その後、「派遣部屋」から始まった回復は、プロジェクトチーム全体に波及し、このプロジェクトは成功裏に完了した。

*

これは実話である。まぐれかもしれないが、本当にあった話である。

プロジェクトの成功などというものは、そんなものかもしれないという一例である。

この例を通していいたいことは、難しいPM、面倒くさい手続きなどなくたって、うまくいくときはいくさということでは決してない。

新しく任命されたプロジェクトマネジャーの目の付け所に注目してもらいたい。

ほころびは末端から——小さなほころびが大事故の原因となることを物語っている例である。

### ⌛ 国際建設市場での競争力と PM ⌛

我が国の大手建設会社は、世界最高レベルの施工技術力を有しており、高品質を確保し、迅速かつ確実に工事を進捗させる力を有しているといわれているにもかかわらず、国際建設市場で、大変苦戦しているのが現状である。それはなぜなのか。

まず、契約管理能力不足があげられる。その改善のためには、契約約款の十分な理解、権利主張の論理性、有効な紛争解決方法の活用など、いわゆる純契約的能力の向上が不可欠である。さらに、契約的権利の定量的分析能力の向上が必要である。この能力とは、コスト、時間、生産性、品質などに関する精度の高いデータを定常的に収集・整理する能力であり、これは、まさに体系立ったPM技術力である。

国際建設市場での競争力強化には、PM技術は不可欠である。

# 第五章

# プロジェクト成功のポイント

本章では、従前の章における様々な話題を「プロジェクト成功のポイント」として整理する。

マネジメントの基本は「当たり前のことを当たり前に実施する」ことである。「わかったつもり」、「やっているつもり」というのが一番いけない。

世の中の多くのプロジェクトマネジャーは、様々な学習を通じてＰＭに関する多くの知見をもっている。一方、分野によってはプロジェクトの七割から八割が何らかの形で失敗に終わっていることも事実である。

## ＜プロジェクトであることを確認する＞

### ポイント１　「有期性」を確認したか

プロジェクトであるためには、「始まり」と「終わり」が明確にされている必要がある。これは、単に始まりの日と終わりの日を定めることではない。プロジェクトを開始するためには、そのスコープ（範囲）や制約条件などのあらましと重大なリスクへの対応が明示され、主要なステークホルダーがプロジェクトを立ち上げること、すなわち「このプロジェクトは達成可能なのだ」ということに合意する必要がある。これが、プロジェクトの「始まり」だ。では、「終わり」とは何か。そこには二つの終わり方がある。一つはプロジェクトの「目標が達成される」ことである。それが成功であったか否かは別としても、最後までやり遂げて「終わる」。もう一つは、途中で「終わる」ことである。プロジェクトは目標を明確に定めなければならない。同時に、目標達成が明らかに否定される状況についても、その基準をあらかじめ明らかにしておかなければならない。この基準を定められないプロジェクトは、デスマーチプロジェクトになりやすい。

## ポイント2　「独自性」を確認したか

ＰＭでやるべきことは少なくない。面倒だ。膨大な量の文書化が必要だ。しかし、文書化は情報共有、合意形成のために欠かせない。いろいろと気遣いも必要で、プロジェクトマネジャーの仕事はやりがいと同時に、心身への負担が重い。

だから、ＰＭを必要ではないところで行う必要はないのである。

プロジェクトではない仕事を「定常業務」というが、プロジェクトの存在はその「定常業務」を否定していない。世の中には「プロジェクト」があり、「定常業務」が存在することを積極的に求めている。だから、眼前の仕事は、どういう意味で「独自性がある」のかを明らかにする必要がある。これを明らかにすることは、すなわちプロジェクトの「挑戦」の内容を明確にすることであり、同時にリスクの存在を照らし出してくれる。

## ポイント3　「段階的詳細化」を確認したか

プロジェクトは、ポイント2で示した「独自性」をもっている。だから、大雑把な仕事の手順（工程）を示せたとしても、すべての工程について詳細に記述することは難しいことが一般である。これも、プロジェクトの性質として仕方のないことだ。しかし、これを単にわからないとして放置してはならない。過去のプロジェクトの教訓や、類似プロジェクトの調査、専門知識をもった人たちへのインタビュー、自身の経験などを頼って、できる限り詳細化していく。この中で、決めきれなかったことは何か、仮置きしてみたが信頼度の低い情報はどれかを明らかにし、記録しておく必要がある。そして、未決部分をいつまでに決めなければ、プロジェクト全体の計画に影響があるのかを明らかにし、プロジェクト計画に「未決部分の確定」を組み込んでいくことで、プロジェクトの進行に従った情報獲得によって未決部分を延滞なく決めていくのだ。このような準備があって、リスクが明らかになり、スコープの見落としがなくなり、そして不完全なスコープのもとで進行していくPMを実施することができるようになる。

<プロジェクトを定める>

## ポイント4　ステークホルダーは誰か

ステークホルダーとは、プロジェクトの利害関係者である。単に金銭的な利害関係をもつ人や組織、例えば顧客や株主を指すのではない。プロジェクトの成功、不成功に関係するすべての人や組織がそれにあたる。ステークホルダーの満足度は、プロジェクトの成功尺度の一つである。

① 顧　客
　プロジェクトの成果物を取得し、使用する個人や組織。
② プロジェクトマネジャー
　プロジェクトに責任と権限をもつ個人。
③ プロジェクトチームメンバー
　プロジェクトチームを構成する個人。
④ ＰＭＯ（プロジェクトマネジメントオフィス）
　プロジェクトマネジメントの専門家組織。プロジェクトマネジャーの活動をサポートし、プロジェクトの成功を確実なものとする。
⑤ 母体組織
　プロジェクトを創成する組織。
⑥ スポンサー

プロジェクトの資金提供者。顧客が兼ねることが多い。

以上が主だったステークホルダーの例である。これらがプロジェクトに与える影響は均一ではない。また、ステークホルダーの変更や追加は珍しくない。したがって、プロジェクト全期間にわたってその把握に努める必要がある。プロジェクトマネジャーは、誰が味方で、誰が評価者で、誰が傍観者であるかなどを具体的に整理する必要がある。

本当にこわいのは、表のステークホルダーに隠れた裏の（真の）ステークホルダーである。ステークホルダーの活動を支える者、ステークホルダーの行動を実は決めている者の存在に注意が必要だ。

## ポイント5　プロジェクトの目標は何か

プロジェクトの目標は適切だろうか。また、わかったつもりになっていないだろうか。どんなプロジェクトでも「期限どおり予算内で完了」させるとともに、「確実に成果を出す」ことが求められる。

ここで定めるプロジェクトの目標は、ステークホルダーが合意できるものでなければならない。

以下に目標が適切であるための主なポイントをあげる。

①　現実的であること

達成可能な目標であることが必須。努力すれば手の届く範囲であるかどうかを正しく見極める必要がある。無理な目標を達成することは無理なのである。プロジェクトの受注、実施の見送りを助言することもＰＭの大事な働きの一つである。

②　客観的、具体的であること

主観的表現やあいまいな記述はコミュニケーションの最大の障害である。合意できるだけの客観性、判断できるだけの具体性を備える必要がある。

③　平易で簡潔な文章であること

ステークホルダーの理解を得るためには、平易な表現で簡潔にまとめられている必要がある。

ここでは「目標」について触れたが、同時に「目的」についても確認が必要だ。プロジェクトの目的は単に「プロジェクトを終わらせること」だけではなく、創成母体としての目的、プロジェクトの結果を取得する顧客の目的など、一つのプロジェクトに複数の価値観に基づく目的、目標が同時に存在していることにも注意を払いたい。

## ポイント6　プロジェクトの制約条件・前提条件は何か

プロジェクトの制約条件は、プロジェクトのパフォーマンスに影響を与える拘束事項であり、プロジェクトを遂行するうえで十分考慮すべき要素である。制約条件は避けては通れない現実であり、プロジェクトマネジャーは理想と現実の間で苦悩することになる。

以下に制約条件の主なものをあげる。

① 法律や規制

プロジェクトの成果物が法律に違反していたり、規制を満足していなかったりというのでは企業の社会的責任は果たせない。類似したプロジェクトを経験すれば、どのような法律や規制が制約となるか察しがつくが、そうでなければ内部、外部の専門家を動員するなど不足を補う対策が必要である。

② 設　備

プロジェクト実施に必要な機材、装置、施設などの設備は何だろうか。また、それらは確実に確保できるものだろうか。プロジェクトマネジャーは必要な設備を把握し、必要な時期に使用できるように確保しなければならない。

③ 予　算

予算は最も一般的な制約条件である。大抵のプロジェクトでは、どんなに要求しても増額は望めない。プロジェクトマネジャーはそれを肝に銘じる必要がある。

④　スケジュール

納期はいつだろうか。プロジェクトの内容から考えて厳しいものだろうか。比較的余裕があるものだろうか。このようなことを自問しながら、詳細なスケジュールを作成する前に、プロジェクトマネジャーは全体のスケジュール感をもつ必要がある。

⑤　プロジェクトチーム

大抵のプロジェクトでは、プロジェクト実施に必要な理想的な人材を確保することは困難である。仮に確保できたとしてもチームとして機能するかは別問題であることが多い。すなわち、オールスターチームが必ずしも最大のパフォーマンスを発揮するとはいえないのである。よいプロジェクトチームであるためには、プロジェクトマネジャーとメンバー、メンバー相互の組合せの最適化が求められるが、現実にはうまくいかないものであり、これを制約条件であると知ったＰＭが要求される。

「前提条件」とは、仮定である。例えば、制約条件の③の必要な機材、装置、施設が与えられるものとしてプロジェクトが計画され、運用されるのであれば、これらは「前提条件」となる。前提条件に示されたものは、プロジェクトの運用段階においても「そのとおり」であってほしいが、前提条件が満たされないこともある。したがって、前提条件とされている事柄を徹底的に洗い出し、そこに「リスク」を考察する目を向けることが大切である。

## 〈プロジェクトを計画する〉

### ポイント7 WBS（作業の分解）及びネットワーク図（作業の流れ図）の作成に十分な時間をかけたか

WBSは、プロジェクト全体の作業を適当な大きさに分解し、階層構造で示すものである。WBSは、スケジュール、コストや品質などの計画のもととなることからPMの基礎といえる。そのため、WBSの信頼性が低いとプロジェクト全体に影響が及ぶことになる。したがって、WBSの作成には十分に時間をかけ、精度を上げなければならない。熟練のプロジェクトマネジャーでさえ、WBSを完成させるまでに何度も改訂することが多い。WBSの作成に不慣れな場合は、熟練者に必ず確認をとってほしい。また、客観的に見直すために、WBSが完成してからしばらく時間をおき、もう一度見直すことをお勧めする。

また、WBSは作業の階層構造を示すのみで、依存関係は示せない。作業を体系的に順序づけるADMやPDMのようなネットワーク図（作業の流れ図）の作成も欠かすことはできない大切なＰＭツールである。

## ポイント8　現実的な見積りをしているか

スケジュールやコストを見積もる際は、専門家や経験者、過去の類似プロジェクトの情報を活用し、信頼できるものにする必要がある。ステークホルダーの期待に応えることだけを注視し、現実的な見積りが損なわれがちであるので気をつけてほしい。また、不確実性の高い作業の見積りの場合は、３点見積りを採用するなど信頼性の確保に努めなければならない。なお、高い信頼度をもって見積もられた場合でも、そのままの値を採用するのではなく、適当なコンティンジェンシーリザーブ（予備費）を確保することはプロジェクトの成功のために当然のことである。

## ポイント9　リスクに十分備えているか

どんなプロジェクトにもリスクは付き物である。リスクをすべて把握し、そのすべてを防ぐことはできない。しかし、あらかじめリスクを想定し対策を講じておけば、リスクによる影響を軽減することはできる。それが、リスクマネジメントの考え方である。プロジェクトマネジャーはリスクマネジメントを避けては通れない。

以下は、リスクマネジメントプロセスの一例である。

① リスクの特定

プロジェクトに悪影響を及ぼすリスク事象を洗い出すプロセス。ブレーンストーミングなどを利用して異なる視点からリスクを特定するとともに、過去の類似プロジェクトから情報収集する。リスク特定作業は、時間をかけて慎重に行う。

② リスクの分析

特定されたリスク事象の発生確率とその影響及び損失量、期待損失を分析するプロセス。それらは、過去の類似プロジェクトの情報や、ベテランのプロジェクトマネジャーの意見を参考に定量化する。

③ リスクの優先順位づけ

期待損失の高い順に並べ替え、対策が必要なリスクの優先順位づけをするプロセス。リスク対策費には限りがあるため、特定されたリスクすべてを監視対象にはできない。したがって、期待損失の基準を設け、基準以上のリスクを監視対象とする。

④ リスク対策案の策定

監視対象となったリスクの対応策をそれぞれ検討し、リスク登録簿に記載するプロセス。対応策は、リスク回避、リスク予防・軽減、リスク受容、リスク移転の四つの基本方針がある。

⑤　リスクの監視

監視対象リスクを監視するプロセス。監視対象リスクの終了判断や新たなリスク事象の特定も行う。

## ポイント10　よいチーム作りをしているか

ポイント6にも示したが、プロジェクトチームのパフォーマンスの程度はＰＭの制約条件である。どんなにすばらしいプロジェクト計画を立てたとしても、それを実行する人や組織が不適切であればプロジェクトは失敗する。理想的なチーム編成は困難なことが多く、その制約の中で適材適所に役割分担をする必要がある。役割分担をする際の評価指標としては、専門知識、経験、コンピテンシー（能力・技量）などを利用している。

一方で、チーム編成と同時にチーム育成を行う必要がある。チーム育成のためには、チームの構成員であるメンバー個人個人のレベルアップが必要である。個々がトレーニングを行う環境をプロジェクトの内外で整える必要がある。その方法は、セミナー、ｅラーニング、ＯＪＴ（On the Job Training）が主である。

また、ゴールに向かいチームが一丸となってプロジェクトに取り組むような組織作りを目指す「チームビルディング」の手法を適用しても効果的である。

## ポイント11　プロジェクト計画の合意を得ているか

プロジェクト計画を策定したら文書化し、必要な範囲のステークホルダーに、必要な範囲の情報を伝えて、合意を得ているだろうか。

ステークホルダーとは常に必要十分な情報を共有し、少なくともプロジェクトの節目には、相手からの承認を得ることが重要である。特に、プロジェクト計画段階の成果物であるプロジェクト計画書は、プロジェクトの土台となるものである。プロジェクト計画の合意を得ずに先に進めると、後々大きなトラブルに発展しかねない。

一方で、専門用語を羅列した詳細なプロジェクト計画書をステークホルダーに見せて、プロジェクトマネジャーが延々と説明することで十分な情報共有ができていると錯覚していることがある。相手に理解を得られなければ意味がない。例えば、平易な文章で簡潔にまとめ直したプロジェクト計画概要書を作成するなど、相手のレベルを考慮した合意プロセスの実行を心がけることが必要だ。

### 〈プロジェクトを実行する〉

## ポイント12　プロジェクトの最新情報を把握しているか

プロジェクトをコントロールするうえでプロジェクトの状態監視は必要だ。プロジェクトマネジャーは、時々刻々と変化するプロジェクトの状況を監視し、計画と実績を対比しながらプロジェクトのコントロールを行わなければならない。定期的にプロジェクトの現状を把握していれば、計画からの逸脱を早期に発見でき、対応策を講じることができる。

プロジェクトの現状を把握する主なツールとして、ガントチャートとＥＶＭがある。

① ガントチャート

ガントチャートの作業リストは、ＷＢＳのＷＰを流用することができる。ガントチャートのメリットは、理解が容易であり、各タスクの進捗を一覧として表示できるところにある（図1・2参照）。

② ＥＶＭ

ＥＶＭは、プロジェクトの一作業が完了するとそれに見合う価値を獲得できたとみなすことを基本としている。ＥＶＭで使用するグラフは、ＰＶ（Planned Value＝出来高計画値）、ＥＶ（Earned Value＝出来高実績値）、ＡＣ（Actual Cost＝実コスト）の三つの指標を用いて図示される。ＥＶＭのメリットは、スケジュールとコストの状況が一つのグラフで把握できることにある（図5・1）。

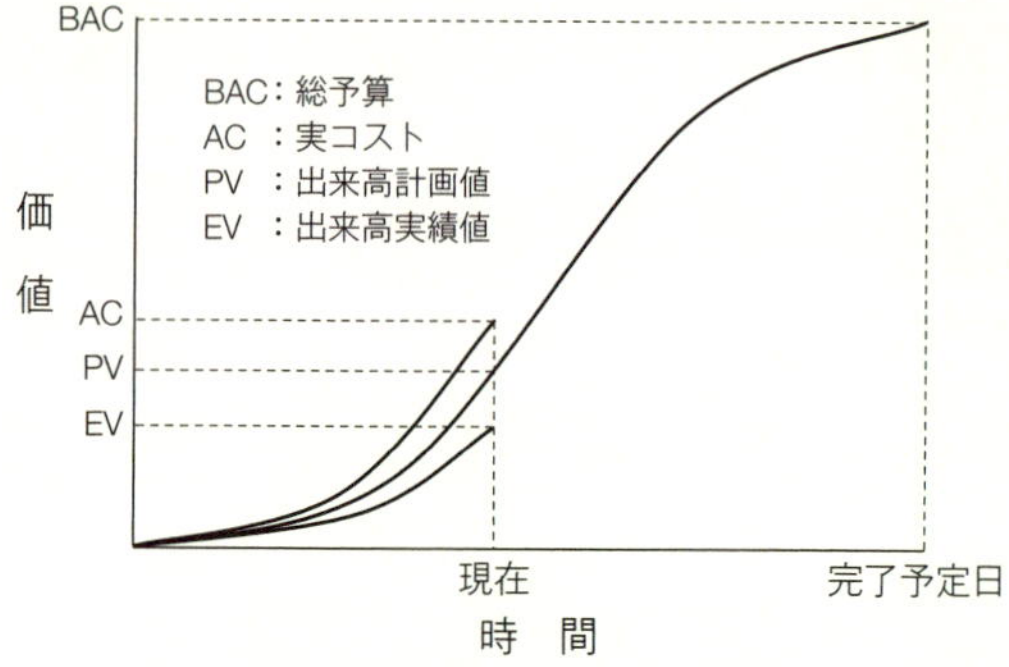


**図 5.1　EVMグラフの例**

## ポイント13　チーム作業をマネジメントしているか

多くのプロジェクトは、プロジェクトマネジャーだけではなく、プロジェクトチームメンバーの働きによって支えられている。同じ組織内であっても、新入社員と中堅社員では仕事の進め方に関する理解は大きく異なり、また、中途入社の社員等は前職での経験や仕事の進め方が「常識」として根付いている場合も多い。担当している作業の遅延を報告することが自身の評価を下げることにつながると考える人間もいれば、プロジェクト進行上で問題が発生していないのであれば、細かく進捗を報告する必要はないと考える人間もいる。

プロジェクトマネジャーの一つの役割は、個々のメンバーがもつ仕事に対する「常識」が異なることに理解を示し、異なることの中身を共有することである。プロジェクトを成功に導くために、適切な「ほうれんそう（報告・連絡・相談)」が実現できる仕組みを確立することはプロジェクトマネジャーの大切な役割となる。

例えば、「議事録を書いてください」という作業の依頼でも、議事録の書式、お客様に敬称を使用するか、結論のみを簡潔に書く議事録とするか、若しくは、議事の次第を詳細に追えるような議事録とするか、そもそもどのような様式(フォーマット)に基づいて議事録を記載するかなどは、規模の大小を問わず企業として「標準」化されていることだろう。一つの文化の中でプロジェクトが実施されるときはよい。複数の企業によって、さらには国をまたがってプロジェクトが実施されるときには、多文化の存在を認めたうえで、チーム作業の最適化を図る必要がある。

## ポイント14　変更を予測しているか

野球やサッカーの試合が監督の想定したとおりに進まないのと同様に、プロジェクトもプロジェクトマネジャーが想定したとおりに進むとは限らない。

お客様からの追加の要望、メンバーの離脱や期待した能力の不足など、プロジェクトを取り巻く様々な環境の変化によって、プロジェクトは大なり小なり、プロジェクト期間中の「変更」を余儀なくされる。一口に「変更」といっても、進捗や工数に変更のない軽微なものから、コストや期間に対する大きな変更や、スコープの変更など、プロジェクトマネジャーの一存では意思決定が難しい場合もある。

プロジェクトマネジャーに求められることは、まずは、「変更は必ず発生し得るものである」という考え方をもつことである。そのうえで、変更を管理するための手続きや仕組み、すなわち「変更管理の計画」を組織として適切なものにしておかなければならない。定められた変更管理には、変更の手続きと、合意又は承認の手続きを得るべき対象が明示されている。

変更の実施にあたっては、お客様の担当者や上級管理職、プロジェクトマネジャーの所属する会社の関係者等、必要十分な関係者間で情報を共有し、変更の大きさや影響の範囲、すなわち変更の実施によるリスクへの影響を十分に予測することが大切である。

## ポイント15 コミュニケーションは万全か

プロジェクトの成功は、単に定められた成果物を納めるだけではなく、「適切にお客様の要望を満たしたうえで」ということが必ず付加される。したがって、お客様の期待や要望の変化を読み取り、プロアクティブに行動することや、お客様とプロジェクトの課題を共有することで、互いに冷静さを保ちながら議論を行うことは、プロジェクトの成功に直結する大切なことである。

このような活動の基礎になっているのがコミュニケーション、すなわち情報共有である。

実際のケースによって適切なコミュニケーションとしてとるべき手段は様々だが、メンバー同士又は個々のメンバーとの面談等を実施する、お客様と会議後に多少の雑談をする、メンバーに話しかける時間を設けるなど、プロジェクトマネジャーがコミュニケーションハブとして機能する仕組みを設けるといったような些細なことであっても、プロジェクトの成功に大きく貢献するものである。

## 〈プロジェクトを終結させる〉

### ポイント16　プロジェクトの評価に十分な時間をかけたか（教訓の獲得）

プロジェクトが終了した時点又は終了が見えている時点で、プロジェクトマネジャーやメンバーは様々な感想や感情をプロジェクトに対して抱いているであろう。

「メンバーに対する指示があいまいだったから、大きく遅延が発生した」、「お客様と具体的に完成イメージを共有できたので、このプロジェクトは成功した」、「二度と同じメンバーでプロジェクトをやりたいとは思わない」など。

成功要因であれ失敗要因であれ、プロジェクトを適切に評価し、その結果を次のプロジェクトに活用することはＰＭの基本であり、必須事項でもある。

実際にプロジェクトの評価を行う場合には、計画工数と実績工数の対比、納期と遅延状況等の客観的な数値を指標として行う「定量評価」と、様々な意思決定や事象への対応など、感覚的な判断を伴う「定性評価」を併用する。

定性評価の具体的な例としては、プロジェクトメンバーやお客様に対し、プロジェクトの振り返りを目的としたアンケートを配付し、その結果をもとにメンバーとのブレーンストーミング等を実施することなどがあげられる。

また、定量評価においては、意思決定のタイミングなど、プロジェクトマネジャーとしてはポジティブな評価を下した場合でも、プロジェクトメンバーとしては十分に情報共有がなされなかった等のマイナスの評価を下す場合もある。

また、こうしたプロジェクト評価の仕組み作りは組織の活動として取り組むべきである。そもそも、プロジェクトの教訓を獲得するところまでは、プロジェクトチームの活動、すなわちプロジェクトマネジャーの責任の範囲であるが、獲得した教訓を組織で共有することは、プロジェクトチームの上位の仕組みの中で行われる。多くの場合はＰＭＯといったプロジェクト支援部門が担うケースが多い。ここでは「失敗」も「教訓」として大切なものであることに注意が必要である。「失敗」を「教訓」とするためには、「失敗」を顧みることを罪としない組織の文化の養成が必要である。

## 〈プロジェクト全体〉

### ポイント17　常にリーダーとしての自覚をもっているか

プロジェクトマネジャーは、立場上、多くの場面でリーダーシップをとることが求められる。特に初めてプロジェクトのマネジメントを行う場合は、プロジェクトメンバーとしての役割との違いにとまどうこともあるだろう。

プロジェクトマネジャーの指示に従ってさえいれば仕事ができると認められていたメンバー時代と違い、プロジェクトマネジャーは、自分で仕事の進め方、方針を作り出し、お客様やメンバーと合意し、プロジェクトを推進していくことが求められる。会議の場でプロジェクトの進捗が停滞する場合に、次の一歩を踏み出す役割は、多くの場合プロジェクトマネジャーの一言にゆだねられる。

リーダーシップを自覚した行動としては、公私の区別をつける、自分の立場を理解し、他者の立場を尊重したコミュニケーションを図る、自分の言葉やふるまいに責任をもつことなどがあげられる。尊大にふるまうこと、偉そうにすることがリーダーではなく、適宜適切に役割に応じた意思決定や活動を行うことが本来のリーダーシップである。

プロジェクトマネジャーは、自身の経験の乏しい技術を必要とするプロジェクトに任命される場合もある。

このような状況で、技術面を含めたプロジェクトのすべての面において積極的に主導権を握ろうとすることはプロジェクトマネジャー本人に大きな負荷をかけるのみでなく、プロジェクト全体を失敗に追い込む。

このような場合は、技術力に優れたメンバーを尊重し、彼らから学ぶこともリーダーにとって必要な姿勢である。

オーケストラの指揮者は、個々の楽器を演奏することはできないかもしれないが、オーケストラ全体の構成や曲調を表現するために必要な指示を出している。同様に、プロジェクトマネジャーは、メンバーに期待される技術等に対して必ずしも最高の知識や技量をもっていないかもしれないが、プロジェクトの成功を表現するために、適切なリーダーシップをとることが求められているのである。

## ポイント18　PMツールを活用しているか

今日では、PMツールは簡易なものから複雑なものまで多様なラインナップをそろえている。価格はピンからキリまであるが、どの価格帯も優秀なソフトウェアが増えてきた。PMツールを利用することは、スケジュールやコストの計算や進捗管理の省力化に加え、各種報告書の作成を容易にするなど多くのメリットがある。

## ポイント19　PM標準を活用しているか

多くの国でPM標準が国内や地域、分野の標準として策定されている。これらのPM標準を把握するとともに、各自の業界で普及しているPM標準は押さえておく必要があるだろう。

PM標準を把握しなければならない理由は何だろうか——それは、プロジェクトを取り巻く組織や個人の共通言語となるからである。

ではなぜ、共通言語が必要なのか——それは、国際プロジェクトやオフショア開発などの業務形態が増加し、異なる言語や考え方のチームメンバーや顧客などと情報共有をしなければならないからである。それゆえに、プロジェクトマネジャーだけでなく、プロジェクトチームメンバーや経営層、顧客といったステークホルダーにも同じ認識をもってもらわなければならない。

また、国際プロジェクトなどとは関係のないドメスティックなプロジェクトを実施している者にも、モダンPMのエッセンスは、自社又は個人の責任ある行動の基礎を与えてくれる。

## ポイント20 外部リソースの調達をマネジメントしているか

プロジェクトの目的を果たすために、組織内の人員や資材だけでは十分ではない場合がある。組織外のリソースを有効に活用することは、プロジェクトマネジャーにとってプロジェクトを成功に導く一つの手段である。

しかし、外部のリソースはプロジェクトの成功にとって諸刃の剣となることもある。想定したほどのスキルをもった人員が確保できなかった、外部のリソースを調達するタイミングが遅すぎた、外部のリソースに支払う対価がかえってプロジェクトの利益を圧迫したなど、こうしたプロジェクトへのネガティブな影響を抑えるために、プロジェクトマネジャーは調達をマネジメントする力を身につけるべきである。具体的には、第一に外部のリソースに求める要求事項を明確にすることである。どのようなリソースが、どれだけの期間、どの程度の量（人間ならば工数）必要となるのかを明確にしたうえで、外部の業者に提示する。あいまいな要望では、調達できるリソースがプロジェクトマネジャーが期待するレベルを満たす可能性は低くなるであろう。

次に、複数の選択肢から調達する等、いくつかの選択肢を準備することもプロジェクトマネジャーや組織にとっては必要である。日頃から協力を期待できる外部の複数のパートナーと良好な関係を築き、相手のスペックや状況を把握することができれば、外部のリソース活用はプロジェクトマネジャーにとっての大きな財産となると考えられる。

また、外部からの調達は、組織間又は組織と個人間の契約によって管理されることとなる。なれあいではなく、契約において双方の責任を明確にし、必要に応じて業務の内容を監査するなど、緊張感をもった関係を築くこともプロジェクトマネジャーに求められる能力である。

# 第六章　ＰＭのこれから

## 6.1　ＩＳＯの動向

目下、ＩＳＯ（International Organization for Standardization＝国際標準化機構）の場でＰＭの国際規格（ＩＳＯ２１５００）が制定に向けて検討されている。第二章で紹介したように、世界には種々のＰＭ標準が存在する。これらのＰＭ標準は、国家標準化機関が制定したものや、特定の団体が作ったものなどが混在する。ＩＳＯにおいてＰＭ国際規格を検討する会議（ＰＣ２３６＝Project Committee 236）に参加している各国のＰＭ専門家は、それぞれの出身国や所属する団体に応じて、異なる考えや背景をもつ。ある意味では、ＰＣ２３６は「呉越同舟」状態の中でＰＭ国際規格を検討しているといえる。このような複雑な状況下で、ＰＣ２３６は粘り強く検討を続け、各国のＰＭ専門家間の考えの違いを調整し、「小異を捨て大同につく」形で各国がほぼ合意できる結果に至りつつある。

つまり、現在、種々のＰＭ標準が存在し、種々のＰＭに対する考え方が存在する中で、ほぼ世界中のＰＭ関係者が納得できる唯一のＰＭ国際規格が「ＩＳＯ２１５００」ということになる。したがって、ＩＳＯ２１５００が発行されれば（二〇一二年後半の発行予定）、既存のＰＭ標準に対して少なからず影響を与えると推測できる。

次に、ＩＳＯ２１５００を概観し、それがもたらす効果を見てみよう。

## （1）内　容*

（a）用語及び定義

標準書として「用語及び定義」があるのは当然のことではあるが、種々存在するPM標準間で往々にしてまちまちであった用語及び定義が、国際的に統一されることに大きな意義がある。

（b）PMの概念

以下の記述がある。

- プロジェクト及びPMの定義
- プロジェクトと組織の戦略（ビジネス戦略及び機会／利益との関係）
- プロジェクト環境（プロジェクトにおける組織の論理、PMと、プログラムマネジメント及びポートフォリオマネジメントとの関係）
- プロジェクト統制（組織の目的達成に向けたプロジェクトの方向づけ）
- プロジェクトと組織活動（プロジェクトの活動と組織固有の活動の関係）
- プロジェクト内組織

＊二〇一〇年七月現在の国際規格原案による。今後、変更し得ることに留意されたい。

・プロジェクト要員のコンピテンシー（能力・技量）
・プロジェクトライフサイクル
・プロジェクトの制限
・プロジェクトの成功と恩恵
・プロジェクトの概念とプロセス

（c） PMプロセス

ＩＳＯ２１５００では、ＰＭプロセスの記述が大半（全体の約八〇％）である。ＰＭプロセスに対する全般的解説のほか、個々のプロセスについて主な入力・出力及び概要が記述される。

（2） 効　果

**世界中のＰＭ関係者にＰＭの共通言語・表現方法を提供する**

本章の冒頭で述べたように、世界には種々のＰＭ標準が存在する。更にいえば、ＰＭ標準に則らず、プロジェクトマネジャー固有の知識、経験と勘（時として「度胸」も）でプロジェクトを推進している場合もある。これらの状況下で、プロジェクト関係者はＰＭに関連する概念をそれぞれ固有の言語・表現方法でコミュニケーションを図ろうとする。例えば、我が国においてプロジェクトが計画どおり進行するように管理することを「進捗管理」といったり「進行管理」、「スケジュール管理」といったりする。これでは効率的で正確なコミュニケーションは望めない。ましてや国際プロジェクトのように、異なる国々のＰＭ関係者がコミュニケーションをとる場合はより状況は劣悪となる。このような状況に対して、ＩＳＯ２１５００は共通言語・表現方法を提供し得る。

## モダンＰＭの世界的普及を促進する

第一章で述べたように、プロジェクトの例は太古から数限りなく存在し、多大な成果をあげている。それらのプロジェクトには、プロジェクトマネジャーが存在し、その才覚に大きく依存してＰＭが実施されていたはずである。そして、それらのプロジェクトでは似たような問題（進捗が遅れる、必要な要員が集まらない、コストがかかりすぎるなど）に遭遇したはずで、それぞれのプロジェクト個々にプロジェクトマネジャーは悩んだ末、適切な対策を施して問題を解決していったに違いない。しかし、現在の我々には、太古から近代のプロジェクトのＰＭがどのようなものだったのか、またどのような方法で問題を解決していったのかはわからない。それは記録が残っていないこともあるが、ＰＭのノウハウがプロジェクトマネジャーの頭の中に「暗黙知」として存在しているのみで、「形式知」として継承されなかったことが大きな理由である。二十世紀中頃になって、モダンPMが出現してきた。これによってPMが従来の属人的手法から開放される手続きや手法の整理がなされ、プロジェクトマネジャーの「暗黙知」を「形式知」化できる状況に至った。しかしながら、モダンPMが我が国及び海外で徹底されているかといえば、道半ばといわざるを得ない。そこで、ISO21500が発行されることが一つの刺激となって、まだモダンPMが普及していない地域や分野に拡大していくことが期待される。

## 6.2　既存PM標準への影響

前節で触れたように、ISO21500はPMプロセスに重点を置いたPM規格である。そのため、ISO21500が発行された場合、PMBOKやPRINCE2を代表とするPMプロセスに重点を置く標準に対しては比較的大きな影響を与えると考えられる。

特にPMBOKでは、「Process Group」を横軸とし、「Knowledge Area」を縦軸とするマトリックスにPMプロセスをマッピングして整理しているが、同様のマトリックスがISO21500にも掲載される予定である。ISO21500のマトリックスでは、「Process Group」が横軸であることはPMBOKと同様であるが、縦軸は「Subject Group」となっており、PMBOKとは異なる。

もう少し詳細に見ると、同様の名称を与えられている横軸の「Process Group」内の項目名が微妙に異なることに気づく。

ISO21500のProcess Group名の一つである「Implementing」は、PMBOKでは「Executing」となっており、同様に「Controlling」は、PMBOKでは「Monitoring & Controlling」となっている（表6・1、表2・1）。

その他、ISO21500とPMBOKとではプロセスの数や内容も異なっている。

これらは大きな違いではないが、PM標準には「世界中のPM関係者にPM共通言語・表現方法を提供する」効果があるわけで、その意味においてこの違いは無視できないだろう。

一方、ICBを代表とする「プロジェクトマネジャーのコンピテンシー」に重点を置くPM標準に対しては、IS

**表 6.1**　ISO 21500におけるプロセスマッピングマトリックス

| Process Groups / Subject Groups | Initiating | Planning | Implementing | Controlling | Closing |
|---|---|---|---|---|---|
| Integration | | | | | |
| Stakeholder | | | | | |
| Scope | | | | | |
| Resources | | | | | |
| Time | | | | | |
| Cost | | | | | |
| Risk | | | | | |
| Quality | | | | | |
| Procurement | | | | | |
| Communication | | | | | |

O２１５００はどのような影響を与えるであろうか。

ＩＳＯ２１５００にはプロジェクトマネジャーのコンピテンシーについての記述はわずかであるが明記された。その記述の中でコンピテンシーを三つのカテゴリー（「Technical competencies」、「Behavioural Competencies」及び「Contextual Competencies」）に分類している。このカテゴリーはＩＣＢと同様であり、ＩＳＯ２１５００におけるプロジェクトマネジャーのコンピテンシーに対する基本的認識はＩＣＢのそれと同様であるといえる。したがって、ＩＳＯ２１５００が発行されても、当面はＩＣＢを代表とするプロジェクトマネジャーのコンピテンシーに関する記述に対しては大きな影響を与えることはないであろう。ただし、コンピテンシーに関する記述量が少ないのは、ＩＳＯ２１５００でプロセス以外の記述は必要最小限かつ簡潔な記述に制限されているためである。これは、規格作成上意図されたことであり、関連事項については、ＩＳＯ２１５００発行後に新たに検討される可能性を残していることに留意したい。

## 6.3　ＰＭ標準の将来

ＰＭ標準の将来を予測する際、過去からのＰＭ発展段階を概観することが有効である。

①　属人的PMの時代

プロジェクトマネジャーの「勘、経験、度胸」でプロジェクトを推進していた。プロジェクトマネジャーの知見は「暗黙知」として存在し、他人からはそのPM知見を伺い知ることは困難であった。

②　ローカルPM標準の時代

国、機関、企業がそれぞれの内部に閉じた固有のPM標準を制定し、PMを実施していた。このようなPM標準は、それぞれの経験則をベースにしたものであるため、背景を異にした外部の人にはわかりにくく、PM知見の共有は困難であった。

③　モダンPM（グローバル標準）の時代

PMBOK、APMBOKやICBに代表されるグローバルPM標準に則りPMを実施していた。広く参照可能なPM標準の出現によって、プロジェクトマネジャーの「暗黙知」を「形式知」化することが可能となった。

④　モダンPM（世界統一標準）の時代

ISO21500が発行された後は、いくつかの既存モダンPM（グローバル標準）がモダンPM（世界統一標準）へ指向し始めることになろう。

今は、「モダンＰＭ（グローバル標準）時代」であるが、ＩＳＯ２１５００が発行されると「モダンＰＭ（世界統一標準）時代」への幕が上がる。

ＩＳＯ２１５００が発行されれば、前節で述べたように、ＰＭプロセスに重点を置くＰＭ標準には少なからず影響を与え、近い将来、ＩＳＯ２１５００はＰＭプロセス標準統一化の求心力を発揮するであろう。

ＩＳＯ２１５００は、世界中のＰＭ関係者にＰＭの共通言語・表現方法を提供する。現段階で予測するのは困難ではあるが、もし世界中のＰＭ関係者の多くが、ＩＳＯ２１５００をＰＭの共通言語・表現方法として受け入れることになれば、多くのＰＭ実施結果から得られる知見（暗黙知）を、ＩＳＯ２１５００が規定しているＰＭプロセスという形で形式知化して、それを継承・強化し続けることが可能となろう。

更にいえば、これらの形式知化された知見を踏まえ、ＩＳＯの場で、より実践的な内容のＩＳＯ２１５００シリーズが発行される可能性もある。そうなった暁には、ＩＳＯ２１５００シリーズは、まさにプロジェクトマネジャーにとって欠かすことのできない標準となろう。

ＰＭプロセスは、プロジェクトマネジャーがなすべきことを規定しているので、プロジェクトマネジャーはそれらを粛々と実施、推進していけばよいはずではあるが、なかなかそれができないのも現実である。つまり、なすべきことがわかっていてもそれを実行できるか否かは別問題なのである。

ＰＭの現場では、往々にして「なすべきこと」を実行できず、それがプロジェクトマネジャーの悩みでもある。「なすべきこと」を実行するには、プロジェクトマネジャーの高い「コンピテンシー」が必要である。いわば「プロセス」と「コンピテンシー」はＰＭの両輪である。

将来を軽々に見通すことはできないが、現在策定中のＩＳＯ２１５００を出発点として、ＰＭの成功に必要な知識がＩＳＯの場で整理されることを期待したい。

# 索　引

## アルファベット


AC　107
ADM　15
ANSI/PMI　31, 34, 35
APM　30
APMBOK　30, 40
BABOK　42
BS　31
CCTA　29
CMMI　45
CPM　15
DIN　31
EV　107
EVM　17, 76, 107
ICB　26, 38
IIBA　42
IPMA　17, 26
ISO　120
ISO 21500　120
——シリーズ　128
ITIL　41
LOB チャート　14
MSP　36
NA　27
NCB　27
OGC　29
P3O　36
PC 236　120
PDCA サイクル　49
PDM　16
PERT　15
PM　12
PMBOK　21, 31, 41
—— Guide　21
PMCDF　41
PMI　18, 21
PMO　97
PMP　21
PM 団体　17
PM の概念　121
PM プロセス　122
PRINCE2　29
PROMPT　29
PV　107
QCD　50
RFP　81
SOW　68
WBS　17, 58, 102
WP　59

## あ　行

アイティル　41
アローダイアグラム法　15
インセンティブ契約　70
エーピーエムボック　30
エターナルトライアングル　51
オフショア開発　44
オペレーション　13

## か　行

カットオーバー　84
ガントチャート　14, 107
クリティカルパス法　15
行動コンピテンス　38
ゴールドプレーティング　54
顧客　97
コミュニケーション　111
——マネジメント　75
コントロール　50
コンピテンシー　20, 38, 126
——項目　39

## さ　行

作業の分解　17
受注審査　82
ステークホルダー　18, 75, 97
ステージゲート　36
スポンサー　97

## た　行

チームビルディング　106
定常業務　95
定性評価　112
定量評価　112
出来高による計画・管理　17
デスマーチプロジェクト　89

## な　行

ネットワーク図　102

## は　行

バボック　42
ピンボック　21
ブルックスの法則　88
プレシデンスダイアグラム法　16

プロアクティブ　53
プログラム評価とレビュー技法　15
プログラムマネジメント　18, 35
プログラムマネジメント標準　33, 35
プロジェクト　13, 48, 62
——計画書　106
——チームメンバー　97
——の三大制約条件　50
——の制約条件　100
——の前提条件　101
——の目的　99
——の目標　98
——ポートフォリオ標準　33
——マネジメントオフィス　97
——マネジメント協会　18
——マネジャー　61, 97
変更管理　110
ポートフォリオマネジメント　18, 35
——標準　34
母体組織　97

## ま　行

マンハッタンプロジェクト　14
モダン PM　14, 21, 62

## ら　行

リーダーシップ　113
リスクマネジメント　57, 103
——プロセス　104
ルーチンワーク　13

## わ　行

ワークパッケージ　59

すぐわかるプロジェクトマネジメント

定価：本体 1,000 円(税別)

2010 年 10 月 18 日　第 1 版第 1 刷発行
2017 年 7 月 19 日　　　第 3 刷発行

編　者　関　哲朗
発 行 者　揖斐　敏夫
発 行 所　一般財団法人 日本規格協会
〒 108-0073　東京都港区三田 3 丁目 13-12 三田 MT ビル
http://www.jsa.or.jp/
振替　00160-2-195146

印 刷 所　株式会社平文社
製　作　有限会社カイ編集舎



ISBN978-4-542-70165-6